FESUL GAIR

Blodeugerdd Barddoniaeth

FESUL GAIR

Blodeugerdd Barddoniaeth

Golygwyd gan
Tudur Dylan Jones

Lluniau gan
Rhys Bevan Jones

Gomer

Cyhoeddwyd yn 2015 gan
Wasg Gomer, Llandysul, Ceredigion SA44 4JL
www.gomer.co.uk

ISBN 978 1 78562 018 8
ISBN 978 1 84851 878 0 / e-lyfr

Noddwyd gan Lywodraeth Cynulliad Cymru.

Argraffwyd a rhwymwyd yng Nghymru gan
Wasg Gomer, Llandysul, Ceredigion

Cynnwys

Rhagymadrodd

Yn y flodeugerdd hon mae yna gymysgedd o'r hen a'r newydd, caeth a rhydd, dwys a llon. Trwy gyfrwng eu cerddi, mae'r beirdd yn mynd â ni i gyfeiriadau cwbl amrywiol. Weithiau ar hyd ffyrdd cyfarwydd, dro arall ar hyd ffyrdd na fyddwn ni wedi'u troedio o'r blaen. Ar hyd pa ffordd bynnag y byddwn ni'n mynd fel darllenwyr, bydd y daith yn werth ei throedio.

Mae'r beirdd yn cynnig golwg wahanol i ni ar fywyd. Weithiau bydd yna un profiad neu ddigwyddiad wedi eu hysgogi i fynd ati i ysgrifennu. Efallai eu bod yn teimlo'n gryf dros rywbeth ac eisiau i ni gredu'r un ffordd. Dro arall byddan nhw'n gadael i ni bendroni ar ôl iddyn nhw awgrymu rhyw syniad neu drywydd i ni.

Mae profiadau amrywiol yn dod i ni gyd bob dydd o'n bywydau. Yr hyn a gawn yn y gyfrol hon yw ymateb rhai beirdd i'r digwyddiadau neu'r syniadau hyn. Drwy gyfrwng y cerddi, mae profiadau'r beirdd wedi dod yn brofiad i ni i gyd.

Os byddwch chi rywbryd, efallai ymhen blynyddoedd ar ôl i chi ddarllen cerdd, yn cofio amdani, yn cofio rhyw air neu rhyw syniad, yna bydd y gerdd wedi llwyddo. Mae'n bosib y byddwch chi rywbryd yn cael profiad tebyg, ac y bydd y gerdd yn rhoi cysur i chi, neu'n gwneud i chi wenu. Mae'n bosib hefyd y bydd darnau hirach, rhai o'r llinellau neu benillion ar eich cof, ac y byddan nhw'n hedfan yn ôl i'ch ymwybod pan fyddwch chi'n eu disgwyl leiaf. Gobeithio felly y byddan nhw'n gwmni i chi ble bynnag, a phryd bynnag, y byddan nhw'n dod ar eich traws.

Mwynhewch y flodeugerdd . . . fesul gair.

Tudur Dylan Jones

Dim ond Geiriau ydi Iaith

Dim ond brwyn ydi'r mynydd;
dim ond carreg ydi'r graig.

Ni welaf benglog yng nghlogwyn y Nant
nac esgyrn enwau yn y mawn
na chylchoedd teg y tylwyth ar y ffridd
nac ôl pedolau meirch Catraeth yn y cawn.
Ni welaf olau lleuad uwch y cwm
ac ni ddaw'r eryr gwyn yma i nythu.

Ni chlywaf sain ei dyfnder yn y ffynnon
na sŵn y gwynt cam ar wegil y ddraenen.
Nid oes straeon yn codi o lynnoedd
nac anobaith o'r gors
ac ni chlywaf dylluan yng Nghowlyd.

Ni chofiaf nodau'r bib yn yr hesg;
ni chofiaf alaw'r galar am ehedydd;
ni chofiaf yr wylo yn enw'r afon.
Ni chofiaf fod cewri wedi camu yma,
wedi codi waliau a chau cynefin.

Nid yw'r gweunydd yn magu plu.
Nid yw'r garreg yn ateb.
Dim ond brwyn ydi'r mynydd,
dim ond geiriau ydi iaith.

Myrddin ap Dafydd

1

Dau lygad ar un wlad

Yn seiliedig ar ateb y Pennaeth Seattle pan geisiodd
Arlywydd America brynu rhai o diroedd yr Indiaid yn 1854

Rwyt ti'n gweld y tir yn wyllt;
i mi, mae'n ardd erioed.
Fflamau a thân a deimli di;
minnau'n teimlo'r coed.

Cig a weli 'lawr ffroen dy wn;
gwelaf innau gnawd.
Croen a ffwr yn dy feddwl di,
yn fy meddwl innau: brawd.

Rwyt ti'n gweld erwau o wenith gwyn
a minnau'n gweld y paith.
Rwyt ti'n clywed udo yn y nos;
minnau'n clywed iaith.

Rwyt ti'n gweld argae a phibelli dŵr;
minnau'n gweld afon fyw.
Rwyt ti'n cyfri'r lle yn ddarnau aur;
minnau'n ei gyfri'n dduw.

Rwyt ti'n gweld y ddinas yn tyfu o hyd;
rwyf innau'n gweld y ddôl.
Rwyt ti'n gweld cynnydd; minnau'n gweld
y ddaear na ddaw'n ôl.

Myrddin ap Dafydd

Gwynt y Gorllewin

Fe gollaist ti dy dymer neithiwr, wynt,
A chlywais di yn rhuo ar dy hynt.

Fe guraist y ffenestri'n chwyrn a chas,
A buost yn ffraeo'n hir â choed y plas.

Ben bore heddiw, pan ddaeth haul i'r lan,
Fe welais ôl dy strancio ymhob man.

'Roedd coedydd mawr ar slent ar glawdd Cae Gwair
Fel dynion wedi meddwi yn y ffair.

'Roedd llechi'r to ar ganol y ffordd fawr,
A chorn y simdde'n deilchion ar y llawr.

Ac ar fy ngwir, 'roedd yntau'r bwgan brain
Â'i ben i lawr yng nghanol llwyn o ddrain.

Ond hawdd yw maddau iti am y tro, –
'Rwyf innau, ambell waith, yn mynd o ngho'.

W. Rhys Nicholas

Ac Oblegid Eich Plant

(Gweler Efengyl Luc xxiii, 27–31)

Plant,
Plant bach yn chwarae –
John a Joanne;
Ac Andrew y baban,
Y baban bach gyda hwy.

Rhyngddynt, rhwng y tri ohonynt,
Yr oedd yno ddeng mlynedd
A chwech wythnos o einioes:
John a Joanne
Ac Andrew, y baban.

A daeth rhai
Yn haearn a gwydyr a phlastig eu modur
Yn cario gynnau,
Bwledi, gwifrau bomiau,
Powdwr du
A'u dwylo eisoes yn goch gan angau;
A daeth rhai i ddileu plant:
John a Joanne
Ac Andrew, y baban.

Yna aethant
Yn ôl i'r concrit a'r gwydyr,
I'r ddinas archolledig
I fwyta, i gysgu, i fyw
Fel pe na bai yn eu calonnau
Angau John, angau Joanne,
Angau Andrew, y baban bach;
Plant.

Ac uwch galar y tyrfaoedd,
Uwch y rhai a oedd
Yn plygu dros y marw,
Yr oeddynt hwy yno eto
Yn chwifio baneri eu cynddaredd,
Y rheini sy'n medru bwyta,
Yn medru cysgu, yn medru byw
Ar ôl lladd plant.

Gwyn Thomas

Tirwedd

Mae craith Clawdd Offa'n dal i'w gweld yn glir
ar gaeau'r fro lle'm magwyd 'slawer dydd,
yn gofeb werdd i'r gelyniaethau hir
a'r ddwyiaith ddyrys sy'n hydreiddio'r pridd.
Pa fodd oedd dewis rhwng y naill a'r llall
a ffin dwy wlad yn marcio erwau'r plwy'?
Pa fodd gweld un yn wynfyd, un yn fall,
ar ôl cael fy magwraeth rhwng y ddwy?
Ond er i minnau gefnu ar y fro
a cheisio gweld fy neufyd rhwyg yn un,
mae'r clawdd yn dal yn glir hyd erwau 'ngho'
a'r ffos hynafol eto'n gosod ffin.
Er claddu'r clwyfau dan flynyddoedd maith
parhau yn nhirwedd f'enaid y mae'r graith.

Grahame Davies

Y Daith

Galwch amdano. Mae 'nhad eisiau mynd,
Mae'r llwybyr yn glir bob cam.
Ewch chwithau i'w ddanfon i dop y maes,
Mae 'nhad yn mynd adref at mam.

Ymgomiwch yn llawen. Boed felys y sgwrs.
Os myn rhywun wybod paham
Atebwch mai hwn yw ei ddiwrnod mawr,
Mae 'nhad yn mynd adref at mam.

Os na chewch ei sylw wrth ganu'n iach,
Na foed i'w hen ffrindiau un nam,
Mae llygaid fy nhad ar y ffordd ymlaen –
Mae ef yn mynd adref at mam.

Peidiwch â'i hebrwng ymhellach na'r tro,
Charles, Eliseus a Sam.
Du sydd amdanoch. Mae ef yn ei wyn.
Mae 'nhad yn mynd adref at mam.

Hon yw ei siwrnai felysaf erioed,
Ac nid oes arafwch i'w gam.
Peidiwch â'i gadw. Mae 'nhad eisiau mynd.
Mae ar ei ffordd adref at mam.

Dilys Cadwaladr

Melin Tre-fin

Nid yw'r felin heno'n malu
Yn Nhre-fin ym min y môr,
Trodd y merlyn olaf adre'
Dan ei bwn o drothwy'r ddôr,
Ac mae'r rhod fu gynt yn rhygnu
Ac yn chwyrnu drwy y fro,
Er pan farw'r hen felinydd,
Wedi rhoi ei holaf dro.

Rhed y ffrwd garedig eto
Gyda thalcen noeth y tŷ,
Ond ddaw neb i'r fâl â'i farlys
A'r hen olwyn fawr ni thry;
Lle dôi gwenith gwyn Llanrhian
Derfyn haf yn llwythi cras,
Ni cheir mwy ond tres o wymon
Gydag ambell frwynen las.

Segur faen sy'n gwylio'r fangre
Yn y curlaw mawr a'r gwynt,
Dilythyren garreg goffa
O'r amseroedd difyr gynt;
Ond 'does yma neb yn malu,
Namyn amser swrth a'r hin
Wrthi'n chwalu ac yn malu
Malu'r felin yn Nhre-fin.

Crwys

Lliain Bwrdd

Bu Taid yn dyfal ddewis derw praff,
a'i gerfio'n dyner hyd nosweithiau hir
i'w lunio'n fwrdd. Ei law a'i lygaid craff
yn naddu cariad hyd y coedyn ir.
Calon y gegin, lle dôi'r haf a'i ŷd
i estyn cadair at y dorth a'r te,
a chywain straeon blasus dros y pryd,
rhwng tynnu coes a rhoi'r byd yn ei le.
Bu gwres y sgwrs fel cŵyr yn iro'r graen,
a min y cof yn hollti'r coedyn noeth,
aml ddefnydd yn greithiau, a phob haen
fel briwsion sych; ond taenwyd lliain coeth
i weini ar ddieithriaid frecwast drud,
a chuddio'i hagrwch; trodd y bwrdd yn fud.

Nia Môn

9

Llifio'i Wraig yn Ddwy

Fe wnaeth hynny ar lwyfan – yn gyhoeddus;
    ac nid ei llifio'n ddwy yn unig.
Fe wahanodd y rhannau, eu llosgi,
    eu poenydio.
Fe'i gwelais â'm llygaid fy hun;
roeddwn i yno, yn gwylied y cyfan.

Ac yna, gan ei fod – am wn i – yn caru'r wraig,
    fe'i rhoddodd yn ôl at ei gilydd.
      Neidiodd hithau o'r bocs yn heini
gan wenu ar bawb. Ac fe gurodd pawb
eu dwylo. Curais innau fy nwylo.

    A holltwyd y wraig yn ddwy?
Wrth gwrs iddi gael ei hollti'n ddwy.
    Oni holltir pob un ohonom
wrth ymgolli yn y gwahaniaeth rhwng
    yr hyn sydd a'r hyn sy'n ymddangos
      fel yr hyn sydd?

Mae'r llifio, a'r hollti, a'r gwahanu
yn beth cyffredin mewn bywyd;
    fe ddigwydd o hyd ac o hyd.
Dyw pethau ddim fel yr ymddangosant . . .

Dafydd Rowlands

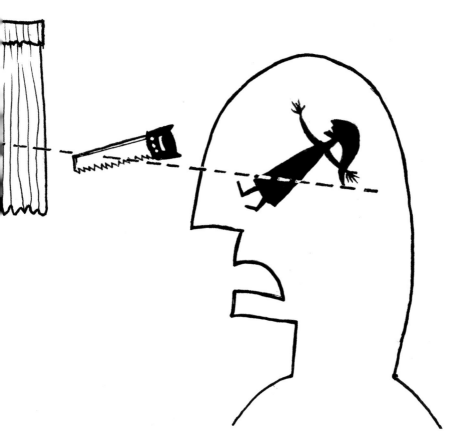

Blodau ar y tro

Mae lawnt wrth ymyl y lôn
a gwên o flodau gwynion;
lliw a dawns ymhell o dŷ –
petalau ar fap teulu.

Yno, pan ddônt, mae ennyd
y mynd yng nghanhwyllau mud
eu llygaid colli hogyn;
dyma'r Mai na ddeuai'n ddyn.

Mai yn gorwedd sydd heddiw;
Mai'n tyfu'n llai, nid oes lliw
yn yr ardd wrth lôn ar dro
heblaw du yn blodeuo.

Myrddin ap Dafydd

Un Noswaith Ddrycinog

Un noswaith ddrycinog mi euthum i rodio
Ar lannau y Fenai, gan ddistaw fyfyrio;
Y gwynt oedd yn uchel, a gwyllt oedd y wendon,
A'r môr oedd yn lluchio dros waliau Caernarfon.

Ond trannoeth y bore mi euthum i rodio
Hyd lannau y Fenai, tawelwch oedd yno;
Y gwynt oedd yn ddistaw, a'r môr oedd yn dirion,
A'r haul oedd yn t'wynnu ar waliau Caernarfon.

Anhysbys

Dwi'n Cofio Dy Weld Di

Flynyddoedd ynghynt,
dwi'n cofio dy weld di yn y gornel.
Roedd degau o bobl o'th amgylch di,
fel cacwn am bot jam.
Blas y mwg yn dew
a llawr pren y lle yn stecs.
Dyna gadwodd fi yno,
yng nghysur y gornel arall.
(Roedd fy nhraed wedi eu glynu
wrth y lloriau gludiog).

A ben bore heddiw,
daeth y newydd na ddoi di yn d'ôl
a dwi'n difaru peidio,
ond unwaith,
yn dawel.

Catrin Dafydd

Gwrthod

Na, Taff, chymera' i mo dy bapur sglein
Yn denu 'mhlant am swae i mewn i'r tanc
Sy'n pwyntio'i fys recriwtio i lawr y lein;
Dwi'n hidio dim am swagar sgwodis, llanc.
Be' mae dy ddillad martsio'n da fan hyn
Ar faes y Sioe? Pwy na fedrodd gofio'n glir
Ei bod hi'n gyson wedi bod yn dynn
Rhwng ffarmwrs a dy leng ynglŷn â thir?
Brifodd fy 'Na' y llygaid pymtheg oed
O dan y cap, a chefais gip ar hwn,
Y 'ffrind poblogaidd', 'hogyn gora' rioed'
Fel dwed pob teyrnged goffa ar faes y gwn.
O dan y lifrai, gwelaf fab a brawd
A gweld mor hawdd i'w gleisio ydi cnawd.

Myrddin ap Dafydd

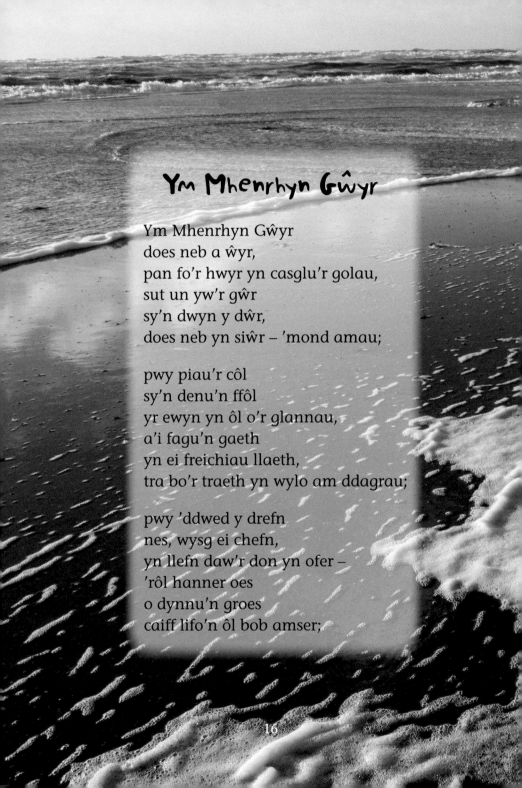

Ym Mhenrhyn Gŵyr

Ym Mhenrhyn Gŵyr
does neb a ŵyr,
pan fo'r hwyr yn casglu'r golau,
sut un yw'r gŵr
sy'n dwyn y dŵr,
does neb yn siŵr – 'mond amau;

pwy piau'r côl
sy'n denu'n ffôl
yr ewyn yn ôl o'r glannau,
a'i fagu'n gaeth
yn ei freichiau llaeth,
tra bo'r traeth yn wylo am ddagrau;

pwy 'ddwed y drefn
nes, wysg ei chefn,
yn llefn daw'r don yn ofer –
'rôl hanner oes
o dynnu'n groes
caiff lifo'n ôl bob amser;

a hithau'n drai
a'r môr yn llai
mae rhywrai'n eto'n gwybod
os yw hi'n hwyr
ym Mhenrhyn Gŵyr
daw'r llanw'n llwyr ryw ddiwrnod.

Mererid Hopwood

Glas

Pan oedd Sadyrnau'n las,
a môr yn Abertawe'n rhowlio chwerthin
ar y traeth,
roedd cychod a chestyll a chloc o flodau
yn llanw'r diwrnod;
a gyda lwc,
ymdeithiem yn y pensil coch o drên
a farciai hanner cylch ei drac
rownd rhimyn glas y bae
i bwynt y Mwmbwls.

Eisteddem ar y tywod twym
yn yfed y glesni,
ein llygaid newynog yn syllu'n awchus
ar fwrdd y môr.
Dilynem ddartiau gwyn y gwylain aflonydd
yn trywanu targed y creigiau,
a sbïem yn syn
ar y llongau banana melyn o'r Gorllewin
a sglefriai'n ara' dros y gwydr glas,

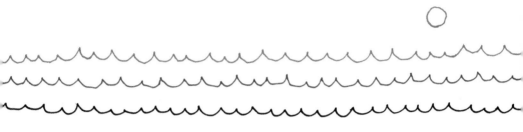

a gorffwys dan y craeniau tal
a grafai'r wybren glir
uwchben Glandŵr.

Rhain oedd Sadyrnau'r syndod,
y dyddiau glas,
a ninnau'n ffoaduriaid undydd, brwd,
yn blasu'n rhyddid byr
o ddyffryn du
                totalitariaeth glo.

Bryan Martin Davies

Gwên

Mae merched bach y swyddfa'n cwyno
eu bod nhw'n 'stressed'
ac yn 'depressed'
ac yn lliw y ffenest
mae Siân yn gweld ei hun yn gwenu.

Tu fas mae'n ha'
a'r plant yn bwyta hufen iâ . . .

Drwy'r dydd mae trwyn y swyddfa
yn y clecs diweddara':
noson liwgar Sali,
gewyn Nia yn torri,
y straeon yn blodeuo,
diffyg cyffro,
miwsig y radio,
cwyno
am y plant yn gofyn am degane,
prisie clytie yn y siope.

Mae Siân yn dal i wenu . . .

Ar ôl gwaith
tynna Siân ei gwên
a phlygu
o weld tawelwch
ei baban deunaw oed
nad yw'n gallu gofyn am ddim.

Mae ewinedd Siân i'r byw
ar ôl caru hen hen blentyn
sy'n ddim ond brigyn.

Bydd Siân yn newid clytie tan fydd hi'n hen.
Dyna pam mae hi'n gorfod gwisgo gwên.

Mari George

AIDS

A, yn y Gymraeg yw 'and',
hynny yw, cysylltair pwysig
fel yn yr ymadrodd,
ti **a** fi.

I, yn y Gymraeg yw 'to',
cysylltair pwysig arall
fel yn yr ymadrodd,
rhoddaf hwn **i** ti.

D, yn y Gymraeg yw dy, 'your',
o leiaf o flaen llafariad,
rhagenw sy'n nodi meddiant;
yr hyn a dderbynnir oddi wrth
eraill,
          am byth.

S, yn y Gymraeg yw syfrdandod.
Nid cysylltair ydyw,
ond yn hytrach,

ₛ**grech**.

Bryan Martin Davies

22

Wrth fwrdd y gegin

Mae'n hwylio'r bwrdd at ginio,
'Mi ddôn nhw gyda hyn',
Mae'n estyn am y bara,
Mae'n c'nesu'r dysglia gwyn.

Fe gwyd i sbïo wedyn
Trwy ddrws y gegin gefn,
Ond does neb wedi cyrraedd,
Mae'n dechrau dweud y drefn.

Draw wrth glawdd y mynydd
Ni wêl ddim ond y brain
A sypyn o wlân rhyw famog
Ymhleth ym mrigau'r drain.

Mae'r dydd yn tynnu ato,
Glaw mân yng nghŵyn y gwynt,
Mae hithau'n dal i chwilio
Am rith o'r dyddiau gynt.

Mae'n clirio'r bwrdd yn araf,
'Mi ddôn nhw gyda hyn',
Mae'n lapio'r dorth tan fory,
Mae'n cadw'r dysglia gwyn.

Haf Llywelyn

Garej Lôn Glan Môr

Mae garej Lôn Glan Môr
yn agored trwy'r nos bob nos:
llain o olau melyn rhwng Clwb Crosville
a maes parcio gwag y *Drive-In Takeaway*,
a'r môr gerllaw yn gwrando.

Mae'n rhyfedd fel y mae noson fel heno,
noson lasach na denim,
yn ein galw ni yno.

Os wyt ti'n cyrraedd yn ôl ym Mangor
rywbryd yn yr oriau mân
pan fo goleuadau'r arfordir
yn pefrio yn y pellter fel mwclis,
a milltiroedd di-ri' y tu ôl ichdi
yn rhuban brith o hanesion,
dos i lawr i garej Lôn Glan Môr.

Cei brynu petrol a fferins yno,
cei sgwrs wrth y cownter efo Geraint
fydd yn darllen nofel,
yn hanner gwrando ar Radio Luxembourg,
yn mesur ei oriau fesul paneidiau.

A phwy yw'r rhain sydd yn dyfod
i fyny o'r anialwch?
dau neu dri mewn siacedi lledr
i brynu Mars Bar a Pepsi wrth gerdded adre;
ambell rwdlyn yn ei ddiod;

ambell gar –
rhyw boblach 'fath â chdi a fi,
briwsion a gollwyd gan neithiwr
ac a 'sgubir o'r stryd gan y wawr.

Ble'r ei di, felly o fa'ma?
Have you checked your oil?
Gwranda am eiliad, cyn camu'n ôl at y car,
ar yr awel fwyn o'r Garth
yn siglo'r arwydd gwichlyd,
papurach yn sibrwd wrth droed y bin 'sbwriel,
hymian trydanol y pympiau petrol,
a chlep hwylbrennau a'u rhaffau
ar *Dickie's Boatyard*:

Dyma'r nos yn siarad,
yn dy annog i symud ymlaen
a dilyn ffyrdd eraill,
ac yn addo gwireddu rhyw hen ddyhead
sy'n dal i ddwyn dy gwsg.

Dyma'r nos yn galw
ar y rhai sydd rywsut yn fythol symudol,
wedi'u treulio'n denau gan y ffyrdd
ond yn dal i fynd,
yn dal i wrando ar y llais,
Open 24 Hours.
Fel garej Lôn Glan Môr.

Thank You For Calling.

Steve Eaves

Aros a Mynd

Aros mae'r mynyddoedd mawr,
Rhuo trostynt mae y gwynt;
Clywir eto gyda'r wawr,
Gân bugeiliaid megis cynt;
Eto tyf y llygad dydd,
O gylch traed y graig a'r bryn,
Ond, bugeiliaid newydd sydd
Ar yr hen fynyddoedd hyn.

Ar arferion Cymru gynt,
Newid ddaeth o rod i rod;
Mae cenhedlaeth wedi mynd,
A chenhedlaeth wedi dod.
Wedi oes dymhestlog hir,
Alun Mabon mwy nid yw,
Ond mae'r heniaith yn y tir,
A'r alawon hen yn fyw.

Ceiriog

Cyfrifiadur

Roedd hwn yn hollwybodus
pan ddaeth e' gynta i'r byd,
ymennydd yn llawn ffeithiau
a chywir yw o hyd.

Yr ydwyf yn gredadun
ond eto'r cwestiwn mawr,
'A oes 'na Dduw?' gofynnais,
a'r ateb ddaeth, 'Oes, nawr.'

Roy Davies

Tref

Yli hwn yn penlinio
i drin ei bren eirin o.
Du yw'r goeden eleni,
mae'r dref yn ei mwrdro hi.

Ac yli'r cyfog olew
hyd y dŵr a'r dŵr yn dew.
Hola di y silidón;
mae'r dref yn mwrdro'r afon.

Af o'r fan yma fin nos
i regi i'r bar agos,
a rhoi cweir cyn amser cau:
mae'r dre'n fy mwrdro innau.

Twm Morys

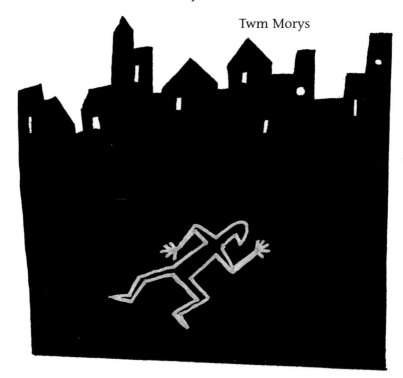

Caerdydd

(Mae dros 20% o blant cynradd Caerdydd yn derbyn
eu haddysg drwy gyfrwng y Gymraeg)

I'r brifddinas eirias hon,
i dir glas adar gleision,
dy iaith sy'n gorymdeithio
â'i geiriau brith, gan greu bro
newydd. Mae'r darlun eang
ar hyd ein sir dan ei sang.

Ar hewlydd Caerdydd mae dôr
i'r Gymraeg yma ar agor,
ac nid dôr gilagored:
yn Nhrelái mae'r ddôr ar led;
ydy wir, mae iaith y dydd
yn Nhreganna ar gynnydd.

Yn Sblot caiff rhesi o blant
eu diwallu â diwylliant;
os awn ni i'r Eglwys Newydd
iaith y plantos yno sydd
yn canu yn acenion
Cymru'r ddinas eirias hon.

Pa un a wyt yn poeni
neu'n llawn gobaith i'n hiaith ni,
dwed hwrê i'w hyder heb
swnian yr un casineb.
Nid gwell Cymro'n Eifionydd
nag ar y daith i Gaerdydd.

Iwan Rhys

Deall

Heddiw
Mor wag yw'n caffi ni.
Dim ond dau löyn byw
Yn caru mewn cylchoedd
Yn y golau.

Syllwn ar lwyau glân ar liain plastig
A gweld ein ddoe yn syllu'n ôl
Wyneb i waered.

Cofiaf fel y dawnsiai ein llygaid ni
Yn nyddiau
Gwybod y cyfan.

Dyddiau heb 'sgidiau,
Heb oriawr
Nac amser cau . . .

Ond heddiw,
A'n llygaid yn gwisgo siwtiau,
Rhyngom nid oes ond sibrwd dall
Am hwn a'r llall
Sy'n clatsio heibio
A'r glöynnod yn taro'r gwydr.

Rwy'n chwilio amdanaf
Yn dy lygaid
Ac am eiliad dw i yno
Ond
Dw i'n gweld fy hun
Yn codi
A cherdded
Drwy'r atgofion.

Mari George

Taith Mewn Trên

Erys y siwrnai honno
yng nghell y cof o hyd, –
y coed yn rhuthro heibio
a'r caeau'n gawl i gyd.

Clindarddach dur olwynion
yn fiwsig yn fy nghlust,
a'r gwifrau megis nadredd
yn llamu rhwng y pyst.

Gwibio trwy lawer pentref
a gweld wrth ddrysau'r tai
rhyw boblach fel cysgodion,
yn mynd yn llai a llai.

Tebyg fu hynt fy mywyd
i'r siwrnai gynta 'rioed
mewn trên i Abertawe
yn hogyn dengmlwydd oed.

A'r hyn a erys heddiw
mewn cof, wrth fynd yn hen,
yw'r tryblith lliw a welais
trwy ffenestr fach y trên.

Ac nid yw'r maith flynyddoedd,
er maint eu traul a'u cost,
yn ddim ond megis pellter
eiliad, o bost i bost.

T. Llew Jones

Dysgub y Dail

Gwynt yr hydref ruai neithiwr,
crynai'r dref i'w sail,
ac mae'r henwr wrthi'n fore'n
sgubo'r dail.

Yn ei blyg uwchben ei sgubell
cerdd yn grwm a blin,
megis deilen grin yn ymlid
deilen grin.

Pentwr arall; yna gorffwys
ennyd ar yn ail;
hydref eto, a bydd yntau
gyda'r dail.

Crwys

34

Alaw

Nid yw'r gân o hyd ar goedd –
mae alaw na chlyw'r miloedd,
un alaw hwnt i'r miliwn
o sêr, hwnt i'r amser hwn.
Daw o ddyfnder tynerwch,
a'i llais mor ysgafn â llwch –
i fynwes ddwetha'r funud
fe ddaw hon ar donfedd hud.
Daw â'i dweud i uno dau
heb erwydd a heb eiriau.
Cân wag, rhwng pell ac agos
na ŵyr neb, na'r dydd na'r nos,
y dôn, na dim amdani,
na ffordd hon o'm cyffwrdd i.

Mererid Hopwood

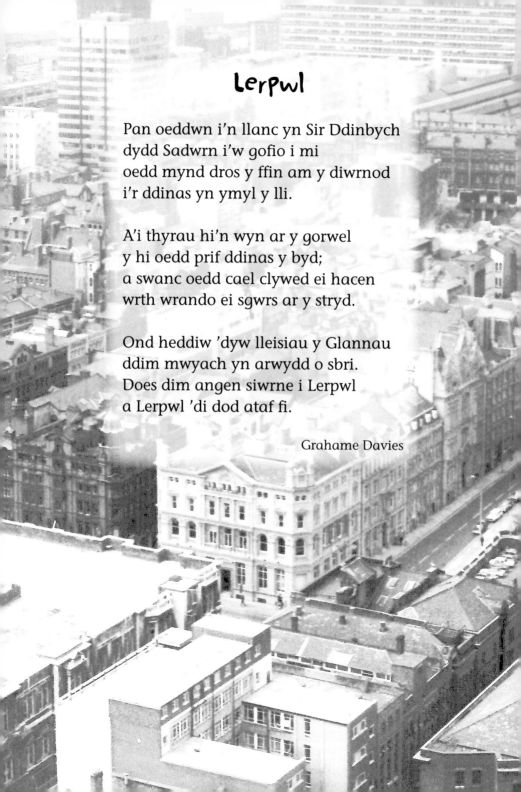

Lerpwl

Pan oeddwn i'n llanc yn Sir Ddinbych
dydd Sadwrn i'w gofio i mi
oedd mynd dros y ffin am y diwrnod
i'r ddinas yn ymyl y lli.

A'i thyrau hi'n wyn ar y gorwel
y hi oedd prif ddinas y byd;
a swanc oedd cael clywed ei hacen
wrth wrando ei sgwrs ar y stryd.

Ond heddiw 'dyw lleisiau y Glannau
ddim mwyach yn arwydd o sbri.
Does dim angen siwrne i Lerpwl
a Lerpwl 'di dod ataf fi.

Grahame Davies

Ffaith Byw a Marw

Mae un o bob pedair
yn colli eu plant,
mae e'n gyffredin
medd y doctor o bant.

Ond i mi dyma'r cyntaf
a'r unig un o bwys,
ni all ystadegau
unioni'r gŵys.

Y tair namyn pedair,
coleddwch eich lwc,
a'r un sydd fel minnau
cynhalia blwc,

cans Crëwr ein nosau
a drefnodd hyn oll,
bod rhai i gael bywyd
ar draul y rhai coll.

Menna Elfyn

Dryw

'Rather a timid pupil' – Adroddiad Ysgol

Maths o'dd y lesyn ac mae'n fyw fel ddo'
i'r dryw o'dd yn osgoi'i lyged e,
a'i ŵn fel brân yn hedfan mewn i'w go'
o'r coridore hir tu fa's i rŵm 2A.
What is squared . . . squared? yn eco yn ei ben,
ba-baglu balanso'r ateb ar raff iaith fain.
Do you stammer boy . . . boy? a'r eco nawr yn sen
am nad o'dd ystyr i *stammer* na siap i'w sain.

Y crwt o'r nyth gaeëdig, o bentre'r
wal lawn englynion – storiaes am fabi mewn hesg –
bron llanw'i drowsus yn sŵn crawc cwestiyne,
bron marw ise hwpo'i ben i'r ddesg.
Nawr ma'r pìn yn crafu i'w phren graffiti'i awen, druan,
a chwmpawd iaith â'i gylch e bron yn gyfan.

Cyril Jones

Gallu

(I Robert Osian, fy ŵyr)

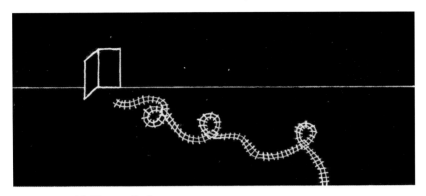

Fe'i gwelais
yn annisgwyl
trwy'r drws.

Wedi llwyddo i osod ei reilffordd bren
ddarn wrth ddarn
yn llwybr newydd
i'w drên bach o.

Dyflwydd ydi o,
dyflwydd diwyd,

ar ei fol
ar ei ffordd
dros y carped cynnes

tua'r drws . . .

Cynan Jones

Simba

Ar sgwâr Dimbech mae yna fainc
Lle bu gŵr yn naddu cainc,
Yr oedd yno'n cerfio coed
Fel bu rhai yn gwneud erioed,
Yn pwyllo byw, gweithio ffon,
Gydag amser i'r hen grefft hon;
Llunio ffon lle bu ynghynt
Bren yn chwifio yn y gwynt,
Creu rhyw beth o rhywbeth plaen,
Peidio byw yn groes i'r graen,
Creu rhyw batrwm Celtaidd hen,
Byw yn araf, codi gwên.
Yr oedd ei enw'n enw gwneud
A Simba fyddai pawb yn ddweud,
Simba, Rainmaker, crëwr glaw,
A chrëwr ffyn gyda'i ddwy law;
Ffyn i eraill droedio'n well,
Ffyn i rai gael crwydro'n bell,
Ffyn i daro sŵn ar lawr,
Ffyn i rai â chloffni mawr.
Ffon i gofio gŵr a'i waith,
Ffon i'w chadw ar ddiwedd taith.
Does neb yn eistedd ar y sgwâr,
Pawb yn awr heb amser sbâr
Lle bu sgwrs â gŵr y ffyn
A fyddai wastad y fan hyn,

A daeth y blodau ar ei sedd
A chyfarchion yn llawn o hedd;
Bu rhyw golled yn y dref
Lle bu gwaith ei naddu ef;
Teimlais innau'r golled hon
Am i minnau brynu ffon.

Arwel Emlyn Jones

Cyd-fyw

Cyd-fyw ydi
gwybod pryd i dewi
a mynd i gysgu –
gweithio saig arallfydol
a hynny ynghanol
syrffed.
Cyd-fyw ydi –
os wy'n golchi, ti sy'n smwddio;
un i ddwstio, llall i arddio;
darllen areithiau yn feirniadol,
gwrando ar gerddi anniddorol!
Cyd-fyw ydi
aros am sŵn y car er eisiau cysgu;
clust i fân storis am blant a dysgu:
cyd-fyw ydi
sarnu coffi ar draws y gwely;
gwylio'r ffilm hwyrol ar y teledu:
cyd-fyw ydi
chwilio drwy'r tŷ am dei ar frys;
cael gyda'r plismon rhyw dipyn o wŷs:
cyd-fyw ydi
gwybod am gaethiwed ac am ryddid;
gwybod am adfyd heb golli gwyddfid.
Cyd-fyw ydi –
cyd-fyw ydi cyd-fyw –
ac mae e'n grêt!

Menna Elfyn

Ofn

'Terrorism can hit us anywhere from any place.'
                                    – Gordon Brown

Pan fo holl rym tywyllwch dros y byd,
a rhyddid wedi'i fygwth ar bob tu,
pan fo cysgodion ar y ffyrdd i gyd
a phob un cornel stryd yn gysgod du,
pan nad oes dim ond dychryn ar y sgrîn
a dim ond nos yr ochr draw i'r llen,
pan fo pob ffrind yn sinistr a blin
a'r rhai mewn grym yn gweld y byd ar ben,
diffoddwch y teledu am y tro,
agorwch lenni'r lolfa led y pen,
cofleidiwch yr anwybod, ewch ag o
tu allan ar y stryd fel cyllell wen
i dorri drwy hualau'r ofnau sydd
yn cadw pawb yn saff rhag bod yn rhydd.

                                    Hywel Griffiths

Johnny

Ma fe'n byw ar y gwynt
yn denant tŷ unnos ar lan afon Tafwys.
Llechu tan gar'bord
o'dd echdoe'n focs golchwr dillad.
Parselu'i dra'd mewn hen Dimes –
un swmpus rhag y dwyreinwynt.
Claddu'i ddwylo yn nwfn 'i bocedi
a swmpo'r pishyn siocled o fin rybish y Strand . . .

Heno,
'i gasto heb enw ar *Newsnight*
gan ohebydd cro'n dafad . . .

Mewn mynwent ar lan afon Teifi
ma'i enw ar glawr –
'Er cof am Marged Ifans Y Felin,
annwyl fam Johnny . . .'
Y gymdogaeth a dalodd am lechen,
o barch iddi hi,
rhag c'wilydd iddo fe . . .

Yn Y Siambr ma'r gwres yn codi –
rhai enwog, rhai nid anenwog
yn trafod y tywydd a hunllefe'r tlodion,
a chynnig pumpunt i leddfu'u cydwybod
tra pery'r oerfel a'r hypothermia . . .

Ond heno a fory,
fel neith'wr ac echnos a'r llynedd,
tra pery'i gydwybod,
prin fydd 'i gwsg
heb enllib 'i hunllef –
gweld y felin ar dân
a'i fam yn llosgi . . .
Clywed 'i sgrech ar y llechen
a chylleth cymdogeth
yn crynu'n 'i gefen.

T. James Jones

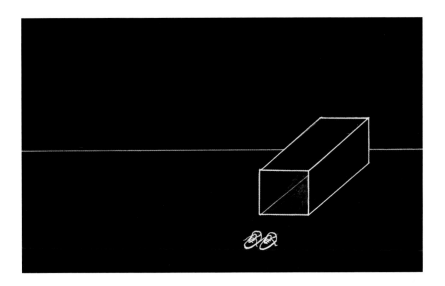

Swbwrbia

Cloi y car rhag y barbariaid, – osgoi
pob sgwrs gan droi llygaid,
cloi drws rhag holi di-raid,
cau llenni, colli enaid.

Emyr Lewis

Bwrdd

Yn amser prinder, pob pryd
a fu yn rhan o fywyd
yr aelwyd, rhan i'w dreulio'n
ddwy res wrth ei dderw o.

Hanner awr o sgwrsio braf
a lle i lais y lleiaf
yn y dweud am hynt y dydd
a'r hyn a ddigwydd drennydd.

Heddiw'r wledd sy' ar fwrdd-ar-lin
a gwag yw bwrdd y gegin,
a'n haelwydydd mewn tlodi
yn nydd ein digonedd ni.

John Glyn Jones

Y Border Bach

Gydag ymyl troedffordd gul
a rannai'r ardd yn ddwy,
roedd gan fy mam ei border bach
o flodau perta'r plwy.

Gwreiddyn bach gan hwn-a-hon
yn awr ac yn y man,
fel yna'n ddigon syml y daeth
yr Eden fach i'w rhan.

A rywfodd, byddai lwc bob tro,
ni wn i ddim paham,
ond taerai 'nhad na fethodd dim
a blannodd llaw fy mam.

Blodau syml pobol dlawd
oeddynt bron bob un,
y llysiau tirf a berchid am
eu lles yn fwy na'u llun.

Dacw nhw: y lili fach
a mint a theim a mwsg,
y safri fach a'r lafant pêr
a llwyn o focs ynghwsg.

Dwy neu dair briallen ffel
a daffodil bid siŵr,
a'r cyfan yn y border bach
yng ngofal rhyw hen ŵr.

Dyna nhw'r gwerinaidd lu
heb un yn gwadu'i ach,
a gwelais wenyn gerddi'r plas
ym mlodau'r border bach.

O bellter byd rwy'n dod o hyd
i'w gweld dan haul a gwlith,
a briw i'm bron fu cael pwy ddydd
heb gennad yn eu plith,

hen estron gwyllt o ddant y llew
â dirmyg lond ei wên,
sut gwyddai'r hen droseddwr hy
fod Mam yn mynd yn hen?

Crwys

Rhieingerdd

Dau lygad disglair fel dwym em
Sydd i'm hanwylyd i,
Ond na bu em belydrai 'rioed
Mor fwyn â'i llygad hi.

Am wawr ei gwddf dywedyd wnawn
Mai'r can claerwynnaf yw,
Ond bod rhyw lewych gwell na gwyn,
Anwylach yn ei liw.

Mae holl dyneraf liwiau'r rhos
Yn hofran ar ei grudd;
Mae'i gwefus fel pe cawsai'i lliw
O waed y grawnwin rhudd.

A chlir felyslais ar ei min
A glywir megis cân
Y gloyw ddŵr yn tincial dros
Y cerrig gwynion mân.

A chain y seinia'r hen Gymraeg
Yn ei hyfrydlais hi;
Mae iaith bereiddia'r ddaear hon
Ar enau 'nghariad i.

A synio'r wyf mai sŵn yr iaith,
Wrth lithro dros ei min,
Roes i'w gwefusau'r lluniaidd dro,
A lliw a blas y gwin.

John Morris-Jones

50

Drws

Wrth gerdded yn obeithiol ar fy nhaith
a gweld y gorwel wrthi'n agosáu,
arhosaf, waeth deallais lawer gwaith
fod drws tu ôl i mi sydd wedi'i gau.
Fan hyn mae cartref fy nghydwybod i
ac iddo, fy ngorffennol pell a ffodd,
y digwyddiadau a roes imi fri,
a phob rhyw edifeirwch gwaetha'r modd.
Gobeithiol wyf wrth ddal i edrych nôl
y gwelaf allwedd yn y drws ryw ddydd,
i mi gael cloi fy holl weithredoedd ffôl
a hefyd yr hen ysgerbydau cudd.
Ond gwn na fydd fy nghyfle byth yn dod
oherwydd nid yw'r allwedd hon yn bod.

Dai Rees Davies

'You're Not From These Parts'

Na, dydw i ddim, 'dwi'n dod o dalaith
ymhell i'r gogledd, a fu'n deyrnas unwaith,
dwi'm yn medru'r acen na'r dafodiaith,
ond pan ddo' i'n ôl i'r fro 'ma eilwaith
yn deithiwr diarth, yn dderyn drycin
a sgubwyd gan y storm, neu fel pererin
yn dilyn llwybrau o Bonterwyd i Bontrhydfendigaid,
fe gerddaf yn hyderus, a golwg hynafiaid
yn cyfeirio fy nhaith, yn llewyrch i'm llygaid;
achos mae pob taith eilwaith yn gwlwm
â'r ddoe sy'n ddechreuad, â fory ers talwm,
ac yn y distawrwydd rhwng dau hen gymeriad
ar gornel y bar, mae 'na filoedd yn siarad
am ffeiriau a chyrddau a chweryl a chariad,
am fyd fel yr oedd hi, am y gweddill sy'n dwad:
na, dydw i ddim o'r ardal, ond fe fedra' i glywed
clec sodlau y beirdd wrth iddyn nhw gerdded
o noddwr i noddwr, o gwmwd i gantref
cyn dianc rhag Eiddig ar hyd ffordd arall adref:
bûm foda, bûm farcud, yn brin ond yn beryg,
bûm dlws, bûm Daliesin, bûm yn crwydro Rhos Helyg,
bûm garw, bûm gorrach, bûm yma yn niwyg
pregethwr, tafarnwr, breuddwydiwr a bardd,
na, dydw i ddim yn lleol, ond y dyfodol a dardd
yn ddwfn yn hen ddaear Pumlumon, ac wrth fynd,
meddai'r henwr o'r gornel, 'Siwrne dda i ti, ffrind.'

Iwan Llwyd

Michael Collins

Gwelodd fwledi'r gelyn – a'u hosgoi
  ar y sgwâr yn Nulyn;
  ond daeth un fwled wedyn
  o blith ei bobol ei hun.

John Glyn Jones

Y *Big Issue*

Yn fasged rôl basgedi
o'r siopau daw'n nwyddau ni,
ac yn eu mysg yno y mae,
yn ymwthiol 'mysg moethau,
wedi'i roi fel afal drwg
yn dila, llwyd ei olwg.

Mae yno, ond nis mynnaf;
yn fy nhŷ ei finio wnaf
heb erioed ei agor bron.
Bwrir ef gyda'r sborion
yn daflen nas darllenir;
mae blas mor gas ar y gwir.

O ganfod yr anffodus
heibio'r af gan ffugio brys.
Y mae drysau'n cau'n y cof
a dawn y Lefiad ynof.
Ni thâl yr ymyrraeth hy.

Er hyn, rwy'n dal i'w brynu.

Idris Reynolds

Cadw

(wedi diwrnod ar draeth, a Datcu a Nain
yng nghwmni'r ddwy wyres)

Daw'r olaf o'r gwylanod
i dynnu'r dydd o'r traeth,
y dydd fu'n donnau llafar
yn erw o dywod ffraeth;
ofer fydd holi'r awel
bryd hynny i ble'r aeth.

Pan welir bysedd ewyn
yn rhwygo'n cestyll brau,
pan fydd llieiniau'r llanw
yn golchi'r ogofâu,
bydd hwyr pob hwyr yn nesu
i ddifa pob parhau.

Ac eto, er na welir
ein hôl gan olau'r wawr,
bydd ynof berlau chwerthin
yn gadwyn am byth ar glawr
a glymodd pedwar enaid
un dydd mewn pedair awr.

John Gwilym Jones

Yn Nheyrnas Diniweidrwydd

Yn nheyrnas diniweidrwydd
Mae'r sêr yn fythol syn;
Mae miwsig yn yr awel,
A bro tu hwnt i'r bryn.
Yn nheyrnas diniweidrwydd
Mae'r nef yn un â'r rhos;
Mawreddog ydyw'r mynydd,
A sanctaidd ydyw'r nos.

Yn nheyrnas diniweidrwydd
Mae rhywbeth gwych ar droed;
Bugeiliaid ac angylion
A ddaw i gadw oed.
Mae dyn o hyd yn Eden,
A'i fyd, di-ofid yw;
Mae'r preseb yno'n allor,
Tangnefedd dyn yw'r tir.

Yn nheyrnas diniwedrwydd
Mae pawb o'r un un ach;
Pob bychan fel pe'n frenin,
Pob brenin fel un bach.
Mae'r ych a'r ebol-asyn,
Y syml a'r doeth yn un;
A'r thus a'r myrr a'r hatling
Heb arwydd p'un yw p'un.

58

Yn nheyrnas diniweidrwydd
Mae pibydd i bob perth;
Ac nid oes eisiau yno,
Am nad oes dim ar werth.
Mae'r drysau i gyd ar agor,
A'r aur i gyd yn rhydd;
Mae perlau ym mhob cragen,
A gwyrthiau ym mhob gwŷdd.

Yn nheyrnas diniweidrwydd
Mae'r llew yn llyfu'r oen;
Ni pherchir neb am linach,
Na'i grogi am liw ei groen.
Mae popeth gwir yn glodwiw,
A phopeth gwiw yn wir;
Gogoniant Duw yw'r awyr,
Tangnefedd Duw yw'r tir.

Yn nheyrnas diniweidrwydd –
Gwyn fyd pob plentyn bach
Sy'n berchen llygaid llawen
A phâr o fochau iach!
Yn nheyrnas diniweidrwydd –
Gwae hwnnw, wrth y pyrth:
Rhy hen i brofi'r syndod,
Rhy gall i weld y wyrth!

Rhydwen Williams

Cymwynas

Saif yr orsaf yn llonydd a llachar
O dan warchae'r nos loergan;
Oglau petrol yn ffroenau'r nos.

Y briffordd yn llafn boeth
A gwreichion anghyson
Yn gwibio ar hyd ei hawch
Cyn pellhau, pylu a diflannu
Gan adael dim ond iard ddi-sgwrs
Yng nghanol swildod y moelydd.

Ond tra bo'r lôn yn gwreichioni
Fe wyddom fod taith o hyd inni
Sy'n arwain i'r unlle,
Yr unlle hwn lle cynnull holl
Ddafnau'r goleuni anfoddog
Yn dwyniad mewn dinas.

Llenwi'r tanc;
Chwa fel chwyth megin
Yn llosgi'r bochau.

A heno, pan wreichionwn ninnau i'r pair,
Bydd llanast y llawr,
Y sbwriel, y papurach chwâl,
Gwaddod parhaus y tir hwn,
Yn ddigon inni gydio nes taflu
Un wawl oren tros genedl eirias.

Osian Rhys Jones

Cwyn y Gwynt

Cwsg ni ddaw i'm hamrant heno,
dagrau ddaw ynghynt.
Wrth fy ffenest yn gwynfannus
yr ochneidia'r gwynt.

Codi'i lais yn awr, ac wylo,
beichio wylo mae.
Ar y gwydr yr hyrddia'i ddagrau
yn ei wylltaf wae.

Pam y deui, wynt, i wylo
at fy ffenestr i?
Dywed im, a gollaist tithau
un a'th garai di?

John Morris-Jones

61

Cilmeri

Fin nos, fan hyn
Lladdwyd Llywelyn.
Fyth nid anghofiaf hyn.

    Y nant a welaf fan hyn
    A welodd Llywelyn.
    Camodd ar y cerrig hyn.

        Fin nos, fan hyn
        O'r golwg nesâi'r gelyn.
        Fe wnaed y cyfan fan hyn.

            Rwyf fi nawr fan hyn
            Lle bu'i wallt ar welltyn,
            A dafnau o'i waed fan hyn.

                Fan hyn yw ein cof ni,
                Fan hyn sy'n anadl inni,
                Fan hyn gynnau fu'n geni.

Gerallt Lloyd Owen

Cilmeri

'Eleni, cawn daith i Gilmeri,
a chewch brofi'r holl nerth sy'n y maen.
Bydd "hanes" yn creithio'ch cydwybod
gan eich herio i edrych ymlaen.'

'O, diolch am y trip i Gilmeri,
fe gaethon ni i gyd dd'wrnod *fab*,
ond, syr, be o'dd ystyr y geiria'
o'dd o dan y peth, ar y slab?'

Cen Williams

Bechgyn

Mewn bore haf gaeafol, – a dau dîm
   yn dwt wedi'u dethol,
ar asgell caeau'r ysgol
mewn rhes mae 'na un ar ôl.

Ceri Wyn Jones

Rhaid Peidio Dawnsio . . .

Rhaid peidio dawnsio yng Nghaerdydd
rhwng wyth a deg y bore,
mae camerâu yr Heddlu Cudd
a'r Cyngor am y gore
yn edrych mas i weld pwy sydd
yn beiddio torri'r rheol
na chaiff neb ddawnsio yng Nghaerdydd
ar stryd na pharc na heol.

Mae dawnsio wedi deg o'r gloch
yn weithred a gyfyngir
i chwarter awr mewn 'sgidiau coch
mewn mannau lle'r hebryngir
y dawnswyr iddynt foch ym moch,
heb oddef stranc na neidio,
ac erbyn un ar ddeg o'r gloch
rhaid i bob dawnsio beidio.

Ond ambell Chwefror ar ddydd Iau,
pan fydd y niwl a'r barrug
yn fwgwd am y camerâu
fel bo'r swyddogion sarrug
yn swatio'n gynnes yn eu ffau
gan ddal diodydd poethion,
mae'r stryd yn llawn o naw tan ddau
o ddawns y sodlau noethion.

Emyr Lewis

Dangosaf i ti lendid

Dere, fy mab,
i weld rhesymau dy genhedlu,
a deall paham y digwyddaist.
Dangosaf iti lendid yr anadl sydd ynot,
dangosaf iti'r byd
sy'n erwau drud rhwng dy draed.
Dere, fy mab,
dangosaf iti'r defaid
sy'n cadw, mewn cusanau, y Gwryd yn gymen,
y fuwch a'r llo yng Nghefen Llan,
bysedd-y-cŵn a chlychau'r gog,
a llaeth-y-gaseg ar glawdd yn Rhyd-y-fro;
dangosaf iti sut mae llunio'n gain
chwibanogl o frigau'r sycamorwydd mawr
yng nghoed dihafal John Bifan,
chwilio nythod ar lethrau'r Barli Bach,
a nofio'n noeth yn yr afon;
dangosaf iti'r perthi tew
ar bwys ffarm Ifan a'r ficerdy llwyd,
lle mae'r mwyar yn lleng
a chnau y gastanwydden yn llonydd ar y llawr;
dangosaf iti'r llusi'n drwch
ar dwmpathau mân y mwsog ar y mynydd;
dangosaf iti'r broga
yn lleithder y gwyll,
ac olion gwaith dan y gwair;
dangosaf iti'r tŷ lle ganed Gwenallt.

Dere, fy mab,
yn llaw dy dad,
a dangosaf iti'r glendid
sydd yn llygaid glas dy fam.

Dafydd Rowlands

Yn Dda Iawn o Ddim

Mae'r gwynt ar y gweundir yn hen, hen wynt,
mae'r brwyn yno'n grwm fel yr oedden nhw gynt
fydoedd yn ôl wedi cynnwrf y grym
a greodd y cwbwl yn dda iawn o ddim.

Mae'r môr sydd yn ysgwyd yn hen, hen fôr,
mae'i drai o a'i lanw a llawnder ei stôr,
mwynder ei wendon a brochi ei rym
yn rhan o'r hyn grewyd yn dda iawn o ddim.

Mae'r lloer yn yr awyr yn hen, hen loer,
a'i golau yn unig, mor welw, mor oer,
acw mae'n gwynnu wedi diffodd o'i grym
a wnaed yn y dechrau yn dda iawn o ddim.

Mae chwerthin a dagrau yn hen iawn, hen,
llawenydd ac wylo, dioddefaint a gwên,
geni a marw: ond newydd yw'r grym
sy'n creu er y dechrau yn dda iawn o ddim.

Gwyn Thomas

Cyfathrebu

Rhyfeddod mwya'r oes yw gwyrth y We,
mae hyd yn oed y beirdd o dan ei hud
yn dwyn Gorllewin, Gogledd, Dwyrain, De
yn glwm o gynulleidfa ar draws y byd.

Un yn cyfarch miliwn, a'r miliwn un,
heb falio am ffin gwlad na'r gofod draw!
Dihysbydd, i bob golwg, allu dyn
i bontio'i holl derfynau ar bob llaw.

Ond – galwch chi fi'n sgwâr o flaen fy sgrîn
mewn byd sy'n sgubo'i gyfyngiadau i ffwrdd –
ai trech yw gwyrth ei dibendrawdod hi
na'r wyrth oesoesol pan fo dau yn cwrdd?

Waeth lle bo un i wrando ac un i ddweud
mae'r cyfathrebu perffaith wedi'i wneud.

Dic Jones

69

Y Môr

Ma' clogwyn Pwll y Gest
Yn gwgu hyd yn o'd,
Nid yw y trai ei hunan
Yn hwyr i gadw'r o'd.

Draw acw'n bell o'r golwg
Ma' plant o geg i geg
Yn joio chwerthin sgrechen
A hithe ond yn ddeg.

Nid yw'r rhieni'n trwblo
Tra bo hi'n dywydd da,
Ma cino'n para'n hwy na hir
Tra bo fan hufen iâ.

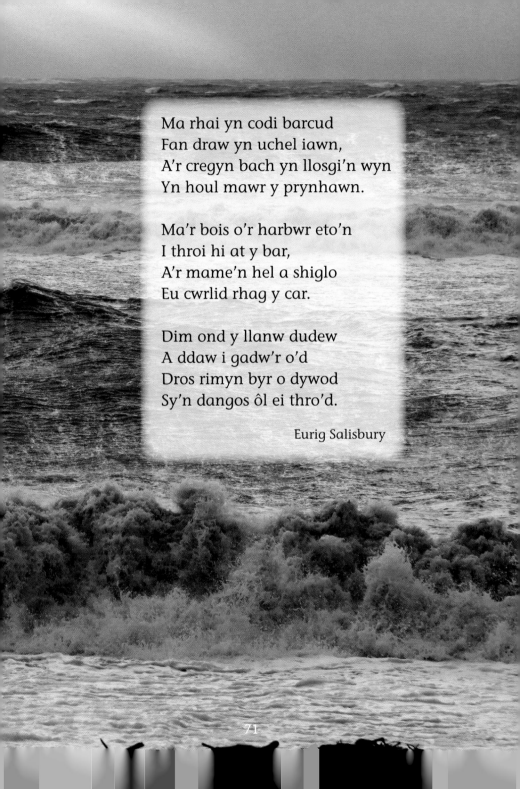

Ma rhai yn codi barcud
Fan draw yn uchel iawn,
A'r cregyn bach yn llosgi'n wyn
Yn houl mawr y prynhawn.

Ma'r bois o'r harbwr eto'n
I throi hi at y bar,
A'r mame'n hel a shiglo
Eu cwrlid rhag y car.

Dim ond y llanw dudew
A ddaw i gadw'r o'd
Dros rimyn byr o dywod
Sy'n dangos ôl ei thro'd.

Eurig Salisbury

Dim Ond Serch

Dim ond gwên
o ganol golau,
gwefus swil yn rhoi
gwahoddiad clir
a neb yn codi llais –

ond gwelais i,
yn ddall i bopeth arall.

Dim ond sws
ar lawr y disgo,
croen yn cwrdd
heb fawr o sŵn
a'r gân yn curo ymlaen –

ond teimlais i
y byd yn peidio â throi.

Dim ond llaw
yn gwasgu'n dawel,
dwylo'n cau'n
addewid saff
wrth gerdded am y drws –

ond clywais i
fy ngwaed yn gweiddi'n goch.

Dim ond ddoe
a'n ffyrdd yn rhannu
mwy na sws,
yn addo'r byd
a'r sêr yn gwrando'n swil –

a yw dy waed
yn cofio'r nos fel fi?

Gwion Hallam

Hanner Amser, y Flwyddyn 2000

Wel, mae'n hanner amser yn y gêm yma rhwng Cymru *All Stars* ac England United. Gadewch inni gael sylwadau cyn-reolwr Cymru, Dewi Sant.

Dewi . . .
Wel, roedd hwnnw'n fileniwm caled i ni,
fe wnaethon ni rai camgymeriadau cynnar;
doedd Gwrtheyrn ddim yn ddewis da yn y gôl.
Mae bob amser yn eu gadael nhw mewn.

Aethon nhw ar y blaen yn gynnar,
ond ar y cyfan roedd ein hamddiffyn yn gryf,
yn enwedig y *centre half*, Rhodri Mawr.
Ac am chwarae'r rheol camsefyll,
roedd Hywel hefyd, ar y cyfan, yn Dda.

O ran y blaenwyr, cafodd Llywelyn gêm gymysg.
Mae ei ymroddiad yn dda, ond
mae'n tueddu i golli ei ben.

I fi, y *man of the match* hyd yn hyn
yw'n *midfield general*,
Glyndŵr –
am ddod â ni'n gyfartal.

Ond yn fuan wedyn roedden ni ar ei hôl hi eto'n syth.
Ergyd gan eu rhif saith nhw.

Ac wedyn ein tîm cyfan yn cael carden felen
a chael ein rhoi yn y llyfr glas
am ddefnyddio iaith anweddus.
Yr unig beth a'n cadwodd ni yn y gêm
oedd gwaith caled William Morgan yng nghanol cae,
ac wedyn ymosodiadau Gwynfor lawr yr asgell chwith,
a Saunders lawr yr asgell dde, yn rhoi'r cyfle i
    Big Ron gael
yr *equaliser* arall 'na jyst cyn hanner amser.
Trueni iddo gael ei hel o'r cae yn syth wedyn.

Yn yr ail hanner, hoffwn ein gweld ni'n chwarae gyda
mwy o hyder.

Ac os oes angen, hoffwn i weld Arthur yn dod *off* y fainc
Doedd y mil o flynyddoedd 'cynta' 'na ddim yn rhai
    da i ni.
Ond mae'n rhaid cofio:
mae'n gêm o ddau fileniwm,
a'r tro hwn, rhaid i *ni* fynd ar y blaen.

Grahame Davies

Gweddi Eli Jenkins

Wrth ddihuno gyda'r wawr
yn ôl f'arfer, Arglwydd mawr,
gofynnaf iti roi dy hedd
i greaduriaid crud a bedd.

A chyda'r machlud yn ddi-ffael
gofynnaf am dy fendith hael,
cans Ti yn unig, Arglwydd mawr,
a ŵyr yn siŵr pwy wêl y wawr.

Nid oes neb drwy'r Wenallt oll
yn ôl dy farn yn llwyr ar goll,
cans gwn yn siŵr mai Tad wyt Ti
a wêl bob tro ein gorau ni.

Rho undydd eto, Arglwydd da,
a'th fendith hwyrol caniatâ!
Ac wrth yr haul sy'n mynd am sbel
cawn ddweud nos da, heb ddweud ffarwél.

addas. T. James Jones

Fy Hunan Bach

Myfi ydyw craidd y bydysawd
Fi yw canolbwynt y byd;
Pob dim yn y gofod eithaf
Sy'n troi o'm cwmpas i gyd.

Drwy gannwyll fy llygaid y gwelaf
Bob peth sy'n weladwy mewn bod;
Â'm clustiau fy hunan y clywaf
Bob neges sy'n dod.

Mae'r cread wedi'i gywasgu
Yn dynn yn fy nghyfyng gell, –
Pob gobaith a gwae o'r gorffennol
A'r dyfodol tragwyddol pell.

Y tragwyddol cyn bod dynolryw
Nac awyr na daear na lli,
A'r tragwyddoldeb i ddyfod
Sy'n fy nghalon fregus i.

A phan ddiffygia fy nghalon,
A'm tafod am byth yn fud,
Pan gaeaf fy llygaid yn angau, –
Bryd hynny bydd diwedd y byd.

W. Leslie Richards

Alltud

Gofid yw colli gafael – ar ddaear
  o ddewis ymadael,
  ond â'n gwlad yn ein gadael
  'does hid na gofid i'w gael.

Ieuan Wyn

Tawelwch y Cwm

(Tanchwa Six Bells, 28 Mehefin 1960, lle lladdwyd 45 o ddynion)

'Dda'th neb gatre o blith yr adar mân
a hithe'n Fehefin hyfryd o ha'
ma'r cwm yn ddwedwst ond am grawc y frân.

Ma'r platie ar y ford fel ei llien yn lân,
drwy frige'r nyth chwythodd y gwynt yn chwa;
'dda'th neb gatre o blith yr adar mân.

Ma tician y cloc yn mynd yn gro's i'r gra'n;
roedd dwylo'r lladmerydd yn dalp o iâ;
ma'r cwm yn ddwedwst ond am grawc y frân.

Dau blat yn ormod i swper yw ôl y sta'n;
rhy dwt yw'r parlwr a glendid yn bla;
'ddath neb gatre o blith yr adar mân.

Ma bysedd y cloc yn mynnu mynd yn 'u bla'n
a'i gord bob awr yn lle'r trydar sol-ffa;
ma'r cwm yn ddwedwst ond am grawc y frân.

Eneidie yn sgrechen o'r pwll drwy'r tân;
ma'r haf yn rhy dwym i'r holl ddynon da;
'ddaw neb gatre o blith yr adar mân;
ma'r cwm yn ddwedwst ond am grawc y frân.

Aneirin Karadog

Glas y Dorlan

Un nawn o haf wrth Gafn Hyrdd
oedwn yn y gwawl hudwyrdd,
a'r dŵr dan fy mhry di-hid
yn ddiog ddiaddewid.

Drwy'r hen goeden gysgedig
nerf o wynt chwaraeai fig,
a thawel lwyth o ewyn
eildro'n llywio o gylch y llyn.

Ond yna, holltwyd ennyd
ar y banc, gan ddeffro'r byd;
treiddiodd dart trwy hedd y dŵr;
saethodd, hyrddiodd i'r merddwr
blymiwr â'i blu o emau,
dewin glas ar adain glau,
a'i ehediad mor sydyn
nes i'r lliw enfysu'r llyn;
disgyn ar sydyn grwsâd,
yna'n ôl yr un eiliad,
a'i ysgytwol bysgota'n
rhuthr o liw, yn wyrth o'r lan.

Eiliadau hudol wedyn
a'r dydd mor llonydd â'r llyn,
nid oedd yn y distawddwr
un dim yn cynhyrfu'r dŵr;
dim ond tawel ddychwelyd
rhimyn o ewyn o hyd.

Er mai profiad eiliad oedd,
ni symudais am hydoedd.

Rhys Dafis

Y Ferch ar y cei yn Rio

Plyciai'r tygiau'r llong tua'r dwfn,
A'r fflagiau i gyd yn chwyrlïo;
O'r cannoedd oedd yno, ni sylwn ar neb
Ond ar ferch ar y cei yn Rio.

Ffarweliai â phawb – nid adwaenai neb –
Mewn cymysgiaith rhwng chwerthin a chrio;
Eisteddai – cyfodai: trosi a throi
A wnâi'r ferch ar y cei yn Rio.

Anwesai lygoden Ffrengig wen
Ar ei hysgwydd, a honno'n sbïo
I bobman ar unwaith, fel llygaid di-saf
Y ferch ar y cei yn Rio.

Efallai ei bod wedi bod ryw dro
I rywun yn Lili neu Lio;
Erbyn hyn nid oedd neb – nid ydoedd ond pawb
I'r ferch ar y cei yn Rio.

Ac eto ynghanol rhai milain eu moes
Ni welais neb yn ei difrïo,
Nac yn gwawdio gwacter ei ffarwel hi –
Y ferch ar y cei yn Rio.

Pwy a edrydd ynfydrwydd ei chanu'n iach,
Neu'r ofn a ddaeth im wrth bitïo
Penwendid y ferch â'r llygoden wen –
Y ferch ar y cei yn Rio?

T. H. Parry-Williams

11.12.82

Daeth saith canrif ynghyd
yn oerfel Cilmeri,
ar dail yn diferu atgofion:

saith canrif o sôn
am orchestion hen oesau,
a'r dydd yn gymylau gwelwon:

saith canrif o sefyll
ar erchwyn y dibyn,
a'n traed bron fferru'n eu hunfan:

saith canrif o gyfri'r
colledion yn dawel
ac edrych i'r gorwel yn ddistaw:

aeth saith canrif yn ddistaw
ger carreg Cilmeri,
a'r awel ar rewi llif Irfon . . .

. . . yna bloeddiodd y baban
a thoddi'r gaeafddydd,
a chwalu'r distawrwydd,
a her canrif newydd yn nychryn ei waedd.

Iwan Llwyd

Colli Iaith

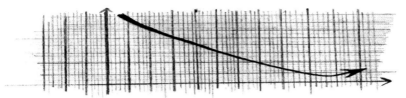

Colli iaith a cholli urddas,
Colli awen, colli barddas;
Colli coron aur cymdeithas
Ac yn eu lle cael bratiaith fas.

Colli'r hen alawon persain,
Colli tannau'r delyn gywrain;
Colli'r corau'n diasbedain
Ac yn eu lle cael clebar brain.

Colli crefydd, colli enaid,
Colli ffydd yr hen wroniaid;
Colli popeth glân a thelaid
Ac yn eu lle cael baw a llaid.

Colli tir a cholli tyddyn,
Colli Elan a Thryweryn;
Colli Claerwen a Llanwddyn
A'r wlad i gyd dan ddŵr llyn.

Cael yn ôl o borth marwolaeth
Gân a ffydd a bri yr heniaith;
Cael yn ôl yr hen dreftadaeth
A Chymru'n dechrau ar ei hymdaith.

Harri Webb

Hen Benillion

Pan fo seren yn rhagori,
fe fydd pawb â'i olwg arni;
pan ddêl unwaith gwmwl drosti
ni bydd mwyach sôn amdani.

Canu wnaf a bod yn llawen,
fel y gog ar frig y gangen;
a pheth bynnag ddaw i'm blino,
canu wnaf a gadael iddo.

Nid oedd genny' 'n dechrau 'myd
ond dwy geiniog fach i gyd;
ac er cymaint rwy'n ei wario,
mae'r ddwy geiniog gennyf eto.

Hardd yw gwên yr haul yn codi
gyda choflaid o oleuni,
hardd y nos yw gwenau'r lleuad,
harddach ydyw grudd fy nghariad.

Tros y môr y mae fy nghalon,
tros y môr y mae f'ochneidion,
tros y môr y mae f'anwylyd
sy'n fy meddwl i bob munud.

Tra bo eglwys yn Llanelli
a'r wennol fach yn hedeg drosti,
a thra bo gwyngalch ar ei thalcen
caraf i fy siriol seren.

Tri pheth sydd yn anodd imi,
cyfri'r sêr pan fo hi'n rhewi,
rhoi fy llaw ar gwr y lleuad
a gwybod meddwl f'annwyl gariad.

Anhysbys

Darllen y Map yn Iawn

Cerwch i brynu map go fawr;
dorwch o ar led ar lawr.

Gwnewch dwll pin drwy bob un 'Llan',
nes bod 'na dyllau ym mhob man.

Cofiwch y mannau lle bu pwll
a chwarael a ffwrnais, a gwnewch dwll.

Y mannau lle'r aeth bendith sant
yn ffynnon loyw yn y pant,

lle bu Gwydion a Lleu a Brân,
lle bu tri yn cynnau tân,

y llyn a'r gloch o dano'n fud:
twll yn y mannau hynny i gyd,

a'r mannau y gwyddoch chi amdanynt
na chlywais i'r un si amdanynt.

Wedyn, o fewn lled stryd neu gae,
tarwch y pin drwy'r man lle mae

hen ffermydd a thai teras bach
eich tylwyth hyd y nawfed ach.

A phan fydd tyllau pin di-ri,
daliwch y map am yr haul â chi,

a hwnnw'n haul mawr canol pnawn:
felly mae darllen y map yn iawn.

Twm Morys

Yr Enw

Mae'n rhaid mai fi a dorrodd
fy enw
yma ar y ddesg
yn yr arholiad ddwy flynedd yn ôl,
yn ôl y dyddiad sydd oddi tano.

Mae'n debyg imi ei grafu
ar femrwn llyfn y ddesg
efo'r gyllell
a roddodd f'ewythr imi
ddeuddydd cyn iddo gael ei ladd
ym Mhwll yr Heulwen.

Er fy mod,
yn ôl y ddesg,
yn caru merch o'r enw Gwen
yn daer
ni wyddwn i fawr ddwy flynedd yn ôl
am ddim
ond am bêl droed,
am feicio dros y foel ar bnawn o haul,
ac am bysgota wedi cawod feddal
am frithyll
lle nad oedd neb ond fi'n dal dim.
Ni wyddwn i bryd hynny
am yr hwyl a geid,
heb bêl na genwair,

gyda'r hwyr ym mhen draw'r llwyn
neu ar fin yr afon,
nac am y dolydd gleision
sydd i'w gweld tu yma i'r foel
heb gymorth olwyn.

Ni wyddwn am y cledd di-wain
a gedwid yn loyw
ym Mhwll yr Heulwen
ac a wthir weithiau
at y dwrn i mewn
a'i droi a'i droi
yn nhwll y boen.

Na,
ni wyddwn fawr o ddim
ddwy flynedd hir yn ôl
ac mae fy enw
rywsut yn ddieithr i'm llygaid,
ond mae'r gyllell,
er bod ei llafn fel lli
a'i charn yn dew gan rwd,
yn fy moced i o hyd
yn gynnes.

Gwynne Williams

Y Ferch wrth y Bar yng Nghlwb Ifor

Yn fan hyn, aeafau'n ôl,
yn ddifaddau o feddwol,
fe'i gwelais; estynnais stôl.

Ordrais beint ar draws y bar
a'i gwylio, yn llawn galar,
yn ei sgert trwy'r mwg sigâr.

Yn ei llygaid tanbaid hi
roedd 'na gefnfor o stori,
a hyder a direidi

yn eu llawnder i'n herio,
trwy ryw wyrth, y dôi ein tro
ond a dal i'w lled-wylio . . .

Ym mrad yr edrychiadau,
yn sŵn ein dawns ni ein dau,
am ei swyn mi es innau

yn rhy ddedwydd freuddwydiol,
yn ddifaddau o feddwol,
yn fan hyn, aeafau'n ôl.

Rhys Iorwerth

92

Gweld Hen Ffrind

(a gafodd ei ladd ar foto-beic tra'n fachgen ysgol)

Mae'r byd 'di cadw i droi ers iddo fynd
a'r clociau wedi cadw'u hamser llym
ers imi glywed sôn am daith fy ffrind
ar awr pan nad oedd amser i ni'n ddim
ond gair; ac yma rwy'n cyfadde nawr
na fydda i'n cofio amdano erbyn hyn
wrth drio gwasgu dyddiau i mewn i awr
a methu gwneud y mwya o f'amser prin.
Ond ddoe a minnau'n sownd yn ras y lôn
fe basiodd beic a'i sgrech yn rhyddid gwych,
a dyma'i wên fel golau'n llenwi 'ngho
nes i mi droi ac edrych yn y drych –
a gweld mod innau'n teithio gyda'r byd
tra bod ei wyneb yntau'n iau o hyd.

Gwion Hallam

Hon

Beth yw'r ots gennyf i am Gymru? Damwain a hap
Yw fy mod yn ei libart yn byw. Nid yw hon ar fap

Yn ddim byd ond cilcyn o ddaear mewn cilfach gefn,
Ac yn dipyn o boendod i'r rhai sy'n credu mewn trefn.

A phwy sy'n trigo'n y fangre, dwedwch i mi.
Pwy ond gwehilion o boblach? Peidiwch, da chwi

Â chlegar am uned a chenedl a gwlad o hyd;
Mae digon o'r rhain, heb Gymru, i'w cael yn y byd.

Rwyf wedi alaru ers talm ar glywed grwn
Y Cymry bondigrybwyll yn cadw sŵn.

Mi af am dro, i osgoi eu lleferydd a'u llên,
Yn ôl i'm cynefin gynt, a'm dychymyg yn drên.

A dyma fi yno. Diolch am fod ar goll
Ymhell o gyffro geiriau'r eithafwyr oll.

Dyma'r Wyddfa a'i chriw; dyma lymder a moelni'r tir;
Dyma'r llyn a'r afon a'r clogwyn; ac, ar fy ngwir,

Dacw'r tŷ lle'm ganed. Ond wele, rhwng llawr a ne'
Mae lleisiau a drychiolaethau ar hyd y lle.

Rwy'n dechrau simsanu braidd; ac meddaf i chwi,
Mae rhyw ysictod fel petai'n dod drosof i;

Ac mi glywaf grafangau Cymru'n dirdynnu fy mron.
Duw a'm gwaredo, ni allaf ddianc rhag hon.

T. H. Parry-Williams

Taw

Mae crychiadau'n y cynfasau
ers wythnosau

mae e'n gwybod mod i'n gwybod
ond dw i'n dweud dim

bob nos
mae'n gosod ei wên
mewn gwydr . . .
ac yn fy ngharu â'i lygaid ar gau

ac wedyn dw i'n ei wylio
ar waelod y gwely
yn smygu,
yn syllu'n bell
a'i draed yn oeri

ac o'r stryd daw sŵn dwy gath
a dyn y lla'th . . .

dw i am lapio
'ngwres amdano,
deffro radio'r bore,
llyfnhau'r cynfasau,

arllwys lliw fy chwant
i ddu a gwyn ei fywyd,
mwytho cefn ei broblemau
chwalu'r gwydr . . .

ond wna i ddim

am fod y gwybod yn fy llygaid
mor glir â golau'r lleuad.

                              Mari George

Siom

Rhwng dwyffordd mae fy newis – y ffordd wyllt
Dros fynydd yr ehedydd, ffordd heb ffens
Lle bydd y machlud, mawn a chreigiau'r myllt
Ac enwau'r hen hafotai yn gwneud sens;
Neu ffordd y glannau: ffordd sy'n glynu'n ddof
Wrth fastiau ffôn; mor ddiflas yn fy mhen
Yw llyfnder ffrwd darmác ddi-dwll, ddi-gof
Dan oleuadau oren uwch lein wen.
Drwy 'Sbyty, dros y Migneint, aiff y fan
A sŵn y tynnu i fyny, ambell glec
Drwy olion rhew, sydd fel cymêrs y llan
A'u chwerthin; nes bu'n rhaid cael stop, cael sbec
Ar olwyn fflat mewn lle heb ddim ond bref
Druenus dafad sydd ymhell o dref.

Myrddin ap Dafydd

Yr Esgid Fach

Mae 'nghalon i cyn drymed
â'r march sy'n dringo'r rhiw,
wrth geisio bod yn llawen
ni fedraf yn fy myw.

Mae'r esgid fach yn gwasgu
mewn man nas gwyddoch chi
a llawer gofid meddwl
sy'n torri 'nghalon i.

Anhysbys

Y Teithiwr

Doedd gen i ddim cyfoeth, dwi'n gaddo i chi,
Ond deryn mewn cawell, a 'nghyllell a 'nghi.
Bob dydd byddai'r deryn yn canu'r un gân
A'r ci bach yn dawnsio o gwmpas y tân.
Ac mi godwn o'r gadair i gydio'n fy sach
I roi chwaneg o fin ar yr hen gyllell fach.

A dyma fi'n disgwyl, a'r llafn yn fy llaw,
A'r sach am fy sgwyddau yn mochel y glaw,
O ochor bryn uchel mi sbïais i cyd
Nes y gwelwn y bont 'rochor arall i'r byd.
O'n i'n disgwyl y teithiwr sy'n drewi o bres,
Ac yn tincial fel clychau wrth ddŵad yn nes.

Ac mi welwn o'r diwedd ddyn diarth yn dod,
Yn cerdded fel 'tae 'na ddim pellter yn bod,
A 'chlywn i mo'r clychau, ond mi wyddwn i'n iawn
Ar ei wyneb a'i wisg, fod ei goffrau o'n llawn;
'Yn rhwydi y rhedyn, mi dalia'i o'n dynn,
Ac mi drawa'i fy nghyllell i yn ei groen gwyn.'

Ond pan ddaeth o'n agos a sefyll o 'mlaen,
Mi glywais fy nghalon yn gollwng fel tsiaen,
Ac mi gollais y gyllell yng nghanol y drain –
Yn y man lle disgynnodd, mi dyrrodd y brain.
Ac mi es efo'r teithiwr, oedd yntau â'i fryd
Ar gael cyrraedd y bont 'rochor arall i'r byd.

Twm Morys

100

Lonydd Cefn

Mae'r ffyrdd, y myrdd o rai mân,
yn lledu yn rhai llydan
o'u gweld nhw fel gwlad newydd
o barciau hen, llwybrau cudd.
Â chwmpawd iach mapia daith
ar hyd yr hen, hen rwydwaith.

Rhwydwaith y beirdd ar daith bell,
rhwydwaith yr iaith o draethell
i ffridd a rhos, ffyrdd y rhai
sy'n gwybod bod ein beudai'n
arfer bod yn dref i'r beirdd
lle'r brefu'n llawr i brifeirdd.

Lonydd cul, anodd celu
yr orymdaith faith a fu,
y lonydd cul newydd, call
yn arwain at un arall.
Lonydd cul yw nawdd y cof,
mae pob haen fel map ynof.

Eurig Salisbury

101

Euro Disney

Mor slic mae dwylo Mici
ddi-nam yn ein gwahodd ni,
a gwenu ei fasg annwyl
sy'n datgan mai rhan o'r hwyl
ŷm ni, a rhan o'r mwynhau,
o'i gartŵn lliwgar tenau.

Ymunwn, ni welwn ni
pwy ydyw'r gwir bwpedi,
doliau â dyrnau'n ein dal
yn rhewynt y byd real:
dwylo oer y doleri
sy'n tynhau'n llinynnau ni.

Emyr Lewis

Ffair

(Reid y bympyrs yn Ffair Aberteifi)

Yn ias wen fesul synnwyr,
Yn ogle oel a glaw hwyr,
Goleuai a drysai'r dre
Â'i chawodydd sgrechiade;
Ac uwch ei cheir a'i seiren
Dawnsiai'n ddrwg, fel gwg a gwên,
Wreichionen ar weiren wan
Ar drawiadau o drydan.

Fel clatsien i'm hasennau,
Fe ofnwn ei sŵn a'i swae;
Eto o hyd down nôl at hon:
Yr oedd nefoedd mewn ofon.

Ceri Wyn Jones

Cydwybod

Na, nid wyf wedi ei weld o,
mi wn, – ond y mae yno:
y gŵr nad yw ond geiriau
a'r geg nad yw fyth ar gau,
nos a dydd yn codi stŵr:
fy mrawd iach – fy mradychwr.

Ymaith nid â o'm hymyl:
am roi cam o'r llwybr cul
fy maglu, fy nhynnu'n ôl
'wna'r swnyn hollbresennol;
hwn yw ystyr diflastod,
hwn yw maen tramgwydd fy mod.

Dianc ar Ddydd Gŵyl Dewi
rhag y cnaf ni fedraf i,
canys, yn fy nghawl cennin,
hwn yw blas pob newyn blin;
yn y dorth a'r gwinoedd da
hwn yw miloedd Somalia.

Yn ffedog y llai ffodus
mae'n ddi-dor wrth bwyntio'r bys,
hwn yw corff yr unig, hen,
a'i lais yw pob elusen.
Hwn yw llef Sarajevo
yn rhoi cic rhwng coesau'r co'.

Yn fy myd bach o achwyn,
neu ar goll mewn môr o gŵyn,
hwn yw llu'r tai papur llwyd
a dolef y diaelwyd;
yn ei ruo parhaol
mae cri y dall, mae ciw'r dôl.

O! Rhown yr haul i dreulio
un awr heb ei gwmni o:
rhown y byd i gyd i gael
un haf tu hwnt i afael
y gŵr nad yw ond geiriau
a'r geg nad yw fyth ar gau.

Meirion MacIntyre Huws

Y Tadau Pêl droed

'Dan ni'n cario'r pyst i'r caea barugog,
yn drwsusa tracsiwt a hetia gwlanog
cyn gwylio'r gêm mewn rhesi cegog . . .

       c'laen, Nathan, lladda fo!

    'Dan ni'n smentio perthynas trwy
    arthio'n cefnogaeth
    yn ffyrnig ein cymeradwyaeth,
      yn rhedeg ystlys ein rhwystredigaeth . . .

    be ti'n meddwl ti'n neud, hogyn?!

    mae crysau gwynion ein meibion yn chwythu
      'nôl a mlaen ar hyd y cae, nes i'r gêm sgwennu
ar bob tudalen o hogyn glân . . . a'i faeddu

ar ei hôl hi, ar ei hôl hi! . . .
rhy hwyr!

Ac wedi'r chwib ola ar ein
cydymgais,
tewi mae'r parti tadau deulais
cyn cario'r pyst fel croes ein
huchelgais . . .

da iawn hogia . . . ennill tro nesa . . .

ac wrth i'r eira hawlio'r caea
anodd dweud pwy yw'r diniweitiaid mwya –
hogiau bach y crysau gwyn? – ta'u manijars o dadau?

Ifor ap Glyn

Pancan

Maen nhw'n sbïo i lawr eu trwynau arna' i,
y ceir sy'n llawn wynebau wrth fynd heibio,
mae'r *wing* a'r *mirror* blaen 'ma wedi'i chael hi,
ond neb am ddallt o'n i ar fai ai peidio:

un Audi smart, bathodyn Merc ariannog
a Volvo telynegol fel y gwynt
yn gwenu'n glên ar hen fan Fiat oriog
a phob Espace – mor gyfain yw eu hynt:

ond mae fy ngherbyd i a'i gorff yn hyllbeth,
yn dolciau a milltiroedd drosto i gyd,
yn tagu'i ffordd o'r nos ond, er mwyn popeth,
yn gyrru'n syth i dwll y domen byd.

Mae'n brifo, ac mae'n gamp i dynnu allan,
achos dim ond rhai sy'n mentro sy'n cael pancan.

Karen Owen

108

Pe Bawn i

Pe bawn i yn artist mi dynnwn lun
Rhyfeddod y machlud dros benrhyn Llŷn:

Uwchmynydd a'i graig yn borffor fin nos
A bae Aberdaron yn aur a rhos.

Dan Drwyn-y-Penrhyn, a'r wylan a'i chri
Yn troelli uwchben, mi eisteddwn i

Nosweithiau hirion nes llithio pob lliw
O Greigiau Gwylan a'r tonnau a'r Rhiw.

Ac yna rhown lwybyr o berlau drud
Dros derfysg y Swnt i Ynys yr Hud:

Mewn llafn o fachlud ym mhellter y llun
Ddirgelwch llwydlas yr Ynys ei hun.

'Ond 'wêl neb mo Enlli o fin y lli.'
'Pe bawn i yn artist,' ddywedais i.

T. Rowland Hughes

Ffrae

Ni wyddwn y dydd hwnnw
Na wellai ef, ar fy llw.
Ni sylwais ar y salwch
Yn ofidion drwyddo'n drwch,
Na hidio eiliad wedyn:
Malio dim sut 'teimlai dyn.

Ni wyddwn chwaith y gwyddai
Ef ei hun beth oedd ar fai.
Gwyddai nad âi mo'r ofn du,
Ni rannai'i ofn, er hynny.

Dweud dim oedd ein nod ni'n dau:
Byw i haeru heb eiriau,
Yn waedd o anwybyddu,
Yn wylltio hawdd o'r naill du,
A gwlad o ddrwgdeimlad oedd
I'n hynysu am fisoedd.

Ni wyddwn y dydd hwnnw
Na wellai ef, ar fy llw.
Heno, mi welais synnwyr,
Ond erbyn hyn mae'n rhy hwyr.

Rhys Iorwerth

111

Ayrton Senna

Fe gafodd rywfodd yn rhad
dalent i hollti eiliad;
wedi'i chael bu, gyda chwys,
yn unig o lwyddiannus.

Ei wylio, nes o'r golwg,
dim i'w weld ond cwrlid mwg
ei Williams drwy'r corneli
yn chwarae â'n hofnau ni.

Hyd darmac y trac daeth tro
un arall chwim i'w herio'n
nes o hyd ac yn sydyn
o'i ôl daeth angau ei hun
fel llofrudd ar ddydd o haf
a'i ddal cyn y floedd olaf.

Un eiliad yn troi'n alar
uwch ei gorff yn arch ei gar;
ar y Sul ei ras ola'
ôl ei waed sy'n Imola.

John Glyn Jones

113

Cariad

Dywediad llygaid ydoedd,
ac englyn heb eiryn oedd,
dan leuad hŷn o lawer
na holl liw ein cannwyll wêr,
ar y bwrdd rhyngom a'r byd.

Lle safodd lleisiau hefyd
a gweini â gwên gynnes
eu hen win i'n tynnu'n nes
rhoesom gusan yr oesau,
a hen, hen sgwrs mewn gwisg iau,
ein gwisg ni yn unig oedd,
dywediad eiliad ydoedd.

Hywel Griffiths

Palmant

Y mae lampau nwydau'r nos
yn hel atynt stiletos,
a llond heol o golur;
reiat o binc. Sgertiau byr
yn haglo ar stryd fyglyd,
lle daw hithau'n goesau i gyd;
sgidiau coch yng nghysgod car,
yn wallgo' or-gyfeillgar,
a sŵn sodlau'i chamau chwil
yn anghenus anghynil.
Yn fudan ei gofidiau,
eirias y gwaed. Drws ar gau.

Gyda'i brae mae'n gwau drwy'r gwyll,
tawel yw'r strydoedd tywyll.
Pallodd golau nwydau'r nos,
tawel eto'r stiletos,
mor dawel ei dychwelyd
ac mae hithau'n goesau i gyd.

Dafydd John Pritchard

Cofio

Un funud fach cyn elo'r haul o'r wybren,
Un funud fwyn cyn delo'r hwyr i'w hynt,
I gofio am y pethau anghofiedig
Ar goll yn awr yn llwch yr amser gynt.

Fel ewyn ton a dyr ar draethell unig,
Fel cân y gwynt lle nid oes glust a glyw,
Mi wn eu bod yn galw'n ofer arnom –
Hen bethau anghofiedig dynol ryw.

Camp a chelfyddyd y cenhedloedd cynnar,
Anheddau bychain a neuaddau mawr,
Y chwedlau cain a chwalwyd ers canrifoedd,
Y duwiau na ŵyr neb amdanynt 'nawr.

A geiriau bach hen ieithoedd diflanedig,
Hoyw yng ngenau dynion oeddynt hwy,
A thlws i'r glust ym mharabl plant bychain,
Ond tafod neb ni eilw arnynt mwy.

O, genedlaethau dirifedi daear,
A'u breuddwyd dwyfol a'u dwyfoldeb brau,
A erys ond tawelwch i'r calonnau
Fu gynt yn llawenychu a thristáu?

Mynych ym mrig yr hwyr, a mi yn unig,
Daw hiraeth am eich 'nabod chwi bob un;
A oes a'ch deil o hyd mewn cof a chalon,
Hen bethau anghofiedig teulu dyn?

Waldo Williams

Ffoadur

Mae rhywun heno ar ffo,
yn dianc fel gŵr o'i go,
a drysau pawb call ar glo.

O gegin gefn y teli,
o glydwch desg y stydi,
rhown sbec fach rhwng y llenni:

rhu hofrennydd yn nesáu,
rhes o lifoleuadau
wrthi'n ei dyrchu o'i ffau.

Pa lwybr mae'n ei grwydro:
y Fenai'n tynnu eto,
rhythmau'r don, sigl y gro?

Clywn y cylchu uwch y tŷ:
a gludwyd ef i'r sbyty
i'w fendio at yfory?

A drysau pawb call ar glo,
yn dianc fel gŵr o'i go,
mae rhywun heno ar ffo.

Gerwyn Williams

Gandhi

1940

Ar ddaear India ni bu gŵr o'th flaen
A deimlodd gyni'i genedl fel tydi;
Ceraist dy werin garpiog, lwyd ei graen,
A gwelaist dan ei gwarth ei mawredd hi.
Heriaist fyddinoedd galluoca'r byd,
Carchar, gwialenodiau, newyn, gwawd,
Heb ddim i'th gynnal yn dy ymdrech ddrud
Ond angerdd calon oedd yn drech na'r cnawd.
Tra pesgai'r llywodraethwyr ar dy dir,
A'th frodyr gwan yn gwingo dan eu clais,
Dewisaist tithau trwy ymprydiau hir
Ymladd â'th gorff dy hun yr estron drais;
Ond dan gernodiau yn dy gyfyng gell
Bwraist d'oleuni ar y bryniau pell.

Gwilym R. Tilsley

Y Llwynog

Ganllath o gopa'r mynydd, pan oedd clych
Eglwysi'r llethrau'n gwahodd tua'r llan,
Ac anhreuliedig haul Gorffennaf gwych
Yn gwahodd tua'r mynydd, – yn y fan,
Ar ddiarwybod droed a distaw duth,
Llwybreiddiodd ei ryfeddod prin o'n blaen;
Ninnau heb ysgog ac heb ynom chwyth
Barlyswyd ennyd; megis trindod faen
Y safem, pan ar ganol diofal gam
Syfrdan y safodd yntau, ac uwchlaw
Ei untroed oediog dwy sefydlog fflam
Ei lygaid arnom. Yna heb frys na braw
Llithrodd ei flewyn cringoch dros y grib;
Digwyddodd, darfu, megis seren wib.

R. Williams Parry

Y Gelyn Mewnol

Saif
fel sportsman.

Yn hy.
Ei goesau ar led.
Ei ddwyfron
yn darian o gyhyrau.
Ei stumog
yn blât gwydn.

Menig *Nike*
am ei ddwylo
heb bennau i'w bysedd.

Slaff cydnerth
yn herio'r byd
mewn trenars
a gwên iach ar ei wyneb.

Heb wybod
fod y gennyn bach
oddi mewn iddo
wedi cychwyn
ar ei ras ddiafol yntau
heb ei ddangos ei hun i neb.

Hyd yn hyn.

Glyn Evans

P.G.

Dyna neis yw paned o de,
P.G., Typhoo, Glengettie,
a'r fenyw fach sy'n pigo'r dail
neu'r Chimps yn prysur werthu.

Dyna neis cael dished fach ffein,
anghofio fy ngofalon.
Llanw'r tebot at y clawr
ac yfed eli'r galon.

Dyna neis fyddai cyflog teg
meddai'r wraig sydd yn prysur bigo
a chario'r basgedi ar ei chefn
rhwng y llwyni gwyrdd, a llithro.

Dyna neis fyddai byd lle mae
pob anghyfiawnder heibio.
Hyd hynny, rhaid cael dished fach
i'n helpu i anghofio.

Einir Jones

Arfer

(Efan yn cychwyn yn yr ysgol)

Rhwng haul a hindda,
tyfu mae'r dillad ar y lein
rhwng peg a pheg.

Smwddiaf grych perffaith
trwy ddagrau'r stêm,
plygu i drefn.
Rhwbio 'nghariad yn sglein
i flaen pob esgid.

Gwisgo;
dy ben melyn
yn gwthio drwy'r crys tyn
fel alien.
A'th brifiant
yn logo balch dy deirblwydd.

Llun,
a'th wên yn lwmp yn fy ngwddf.
Taith fer i'r ysgol
a'r buarth yn gwahodd.
Dwi'n dal dy law yn dynn,
a thithau'n gollwng.

Nia Môn

123

I longyfarch un sydd newydd basio'i brawf gyrru

Neidia i gar yn oed gŵr,
Anturia 'mlaen, wyt yrrwr!
Bwria'r llawr, ti biau'r llyw,
A hed, dy iaith di ydyw.
Saetha drwy'r lonydd sythion,
Agor rych drwy'r ddaear gron.

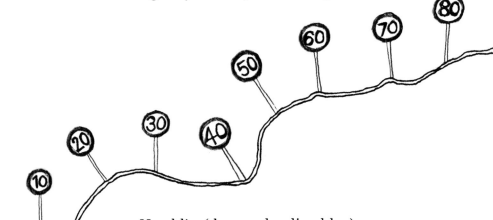

Hyrddia (dan gadw d'urddas)
Drwyn y car drwy droeon cas
Yr yrfa, dewisa di
Yr adeg a ble'r ei di.
Llywia dy ffordd yn llawen
Drwy'r byd, nes daw'r wib i ben.

Huw Meirion Edwards

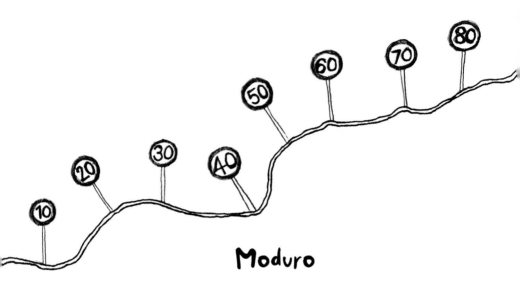

Moduro

Neithiwr, wrth yrru fel ffŵl o'r Fflint i'r Ffrith,
Neidiodd ei bwndel blewog o ddwrn y nos;
Di-rym i lamu i'r dde na chwipio i'r chwith,
Fe'i daliwyd gan y dwylo biau'r ffordd a'r ffos.
Llifodd y golau'n fôr o glawdd i glawdd,
Dwy leuad wedi syrthio'n grwn o'r nen,
Gan lyncu'r chwil eiddilwch – ein hoedl nid yw hawdd! –
Ei lyncu'n llwyr a llachar o'r balf i'r pen.
Trigain milltir yr awr! Rhy hwyr bryd hyn!
Car a chwningen a'u silindrau i gyd yn crynu,
A'r noson euog yn crio hen-wragedd-a-ffyn,
A chnawd ac asgwrn a nerf yn tynnu, tynnu!
Yn nes . . . yn nes . . . yn nes – a'r corffilyn yn llenwi'r llawr
A'r ddau lygad bach wrth ddiffodd yn boddi'r lampau mawr.

Rhydwen Williams

125

Cwm Pennant

Yng nghesail y moelydd unig,
cwm tecaf y cymoedd yw –
cynefin y carlwm a'r cadno
a hendref yr hebog a'i ryw:
Ni feddaf led troed ohono,
na chymaint â dafad na chi;
ond byddaf yn teimlo fin nos wrth fy nhân
mai arglwydd y cwm ydwyf fi.

Hoff gennyf fy mwthyn uncorn
a weli'n y ceunant draw,
a'r gwyngalch fel od ar ei bared,
a llwyni y llus ar bob llaw:
Os isel yw'r drws i fynd iddo,
mae beunydd a byth led y pen;
a thincial eu clychau ar bwys y tŷ,
bob tymor, mae dwyffrwd wen.

Os af fi ar ambell ddygwyl
am dro i gyffiniau'r dref,
ymwrando y byddaf fi yno
am grawc, a chwibanogl a bref, –
hiraethu am weled y moelydd,
a'r asur fel môr uwch fy mhen,
a chlywed y migwyn dan wadn fy nhroed,
a throi 'mysg fy mhlant a Gwen.

Mi garaf hen gwm fy maboed
tra medraf fi garu dim;
mae ef a'i lechweddi'n myned
o hyd yn fwy annwyl im:
a byddaf yn gofyn bob gwawrddydd,
a'm troed ar y talgrib lle tyr,
'Pam, Arglwydd, y gwnaethost Gwm Pennant mor dlws?
a bywyd hen fugail mor fyr?'

Eifion Wyn

Yr Eira ar y Coed

Melfed ddistawrwydd hwyrol
Fel llen ar ddrama'n cau
Nes rhannu'r byd synhwyrol
A llwyfan serch yn ddau:
A'r brigau heb sŵn awel,
A'r eira heb sŵn troed,
Cusanodd fi mor dawel
Â'r eira ar y coed.

Clod i'r ystormydd nwydus
Sy'n troelli'r eira'n lluwch,
A'r gwynt ar gyrch arswydus
Yn rhuthro'n uwch ac uwch;
Ond wedi i'r angerdd dreiglo
Daw'r saib hyfryta' erioed,
Pryd na bydd chwa i siglo
Yr eira ar y coed.

Clod i'r ystorm o garu
Sy'n lluwchio nwydau'r fron;
Ni wn i edifaru
Erioed am angerdd hon.
Ond wedi'r iasau hirion
Yn f'enaid byth arhoed
Atgof un cusan tirion
Fel eira ar y coed.

Cynan

Rhieni wedi colli plentyn o filwr yn y rhyfel

Yn lle'r geiniog gefnogol, – y cerdyn,
  y cardod Swyddogol
a'r llythyr 'sori' llethol,
a gawn ni ein hogyn 'nôl?

Meirion MacIntyre Huws

Halen

Mae 'na halen mewn wylo, – y mae mwy
   na llond môr ohono,
  ond rhaid i ti ei grïo
  i allu dweud mor hallt yw o.

Karen Owen

Y Môr

Bywyd.
Tarddle'r dechreuad.
Heigiau o bysgod
yn dawnsio'n loyw'n
y dyfnderoedd,
lluosogi'n y lli.
Ac yna
fe ddaeth yr olew.
Tagodd ffynhonnau'r dyfroedd.
Taflodd y dyn ar y lan
ddarnau o'i ddychymyg
llygredig
iddo.
Poteli gweigion
o bop a gwenwyn
yn siglo.
Iwraniwm
ynghudd gan y genlli
yn clincian angau
i lawr y canrifoedd,
a dynion
yn gorfoleddu
ym marwolaeth y môr.

Einir Jones

Llan-y-dŵr

Ni fûm erioed yn Llan-y-dŵr,
Ni fûm, nid af ychwaith.
Er nad oes harddach man, rwy'n siŵr,
Na Llan-y-dŵr
A'i fyd di-stŵr,
Nid af, nid af i'r daith.

Bûm lawer hwyr yn crwydro'r rhos
A dringo'r bryn gerllaw
I weld rhyfeddod min y nos
Yn fantell dlos
O aur a rhos
Am hedd y pentref draw.

Fe chwalai'r tonnau arian ddŵr
Hyd dywod aur y fan,
A thrôi gwylanod di-ystŵr
O'r arian ddŵr
I gylchu tŵr
A mynwent hen y llan.

Ond gwn ped awn i Lan-y-dŵr
Y cawn i'r adar hyn
Yn troelli'n wyllt a mawr eu stŵr
O gylch y tŵr,
A'r arian ddŵr
Yn ddim ond ewyn gwyn.

Ni fûm erioed yn Llan-y-dŵr,
Ni fûm, nid af ychwaith.
Er nad oes harddach man rwy'n siŵr,
Na Llan-y-dŵr,
A'i fyd di-stŵr,
Nid af, nid af i'r daith.

T. Rowland Hughes

Murddun

Gwelais y brain
ddydd ar ôl dydd yn loetran
a chrawcian
uwchben y cylch o goed.

Cylch o goed
fel llenni, ac wedi'u cau.

Pe bawn i'n aderyn
gallwn fynd i'w canol
heb i ewinedd hir y drain
fy nghrafu mor greulon.

Plygu,
   gwthio.
      Clywed trowsus newydd sbon yn rhwygo.

Ond, dacw fo,
sgerbwd o fwthyn o'm blaen.

Mae'n nos yn y bore
fan hyn:
simne a hanner ar y to,
ac yn nhyllau'r ffenestri
lenni pry cop yn hongian.
Mae'r drws yn llyncu'r dail
yn y gwynt.

Yma,
nid yw'r adar mor swil
o gwmpas y tŷ.

A gwelaf bant yn y rhiniog
a hen raw yn pydru
wrth ddisgwyl yn yr ardd.

John Hywyn

Dŵr

Yr haf yma, aeth pethau'n ormod
i'r pibau dŵr dan yr heol;
rhoesant y gorau i bwmpio,
a chwydu'u cynnwys ar hyd y ffordd
yn fôr o wrthryfel a rhialtwch.
Mae'n haf! Mwynhewch!
Daeth gwahoddiad i ddawnsio yn y dyfroedd,
i roi'r gorau i'r car am ychydig o hwyl,
tynnu'r esgidiau a sblashio.
Ond mae'n rhaid mai dim ond fi a glywodd,
a thra 'mod i'n troelli a hercian
yn y pyllau
roedd ceir yn dal i fynd heibio'n araf
a wynebau lliw uwd llipa'r gyrrwyr
yn goleuo am eiliad wrth weld y ffŵl yn y dŵr.

Elinor Wyn Reynolds

Y Nawfed Ton

Mae'r gynta' wedi 'mhasio,
a'r ail 'di torri'n lân,
a'r drydedd wedi chwalu
dros froc fy mywyd mân.

Daeth y bedwaredd wedyn
a phumed, gyda hyn,
cyn iddi, 'r chweched sbeitlyd,
boeri ei hewyn gwyn.

Roedd storm yn gyrru'r seithfed,
a'r wythfed oedd yn wych,
nes daeth y nawfed rymus
i olchi'r traeth yn sych.

Eilwaith, dechreuaf gyfri'
gan chwilio am frig y don,
a gwn y daw 'na nawfed
i foddi'r nawfed hon.

Karen Owen

Darlun

(ar stryd yn Ffrainc)

Na, ni hurtiodd yr artist
a wnaeth greu rhyw rith o Grist
ar y pafin, aem ninnau
heibio ar ruthr i'w ddarlun brau,
yn rhy hurt i brofi'r ias,
yn genfaint dros ei gynfas.

Eto, wnaeth 'run ynfytyn
ddileu cyfaredd ei lun.
Canwyd salm ar y palmant;
yn y sialc, gwnaed wyneb sant
yn dyst i'r doniau distaw,
canu ei glod cyn y glaw.

Emyr Davies

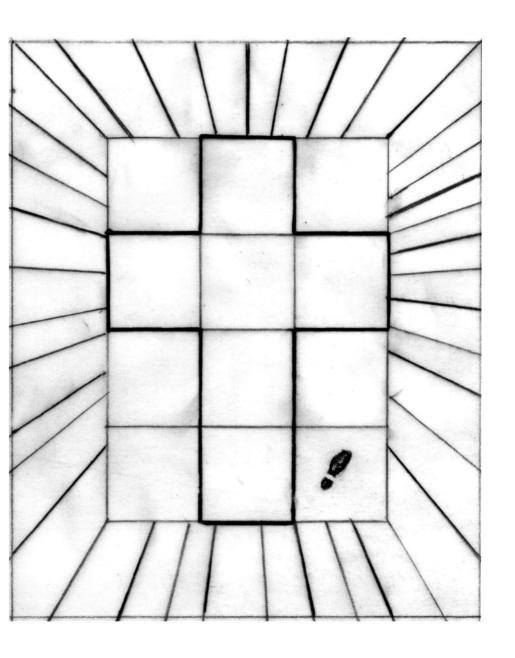

Ffyrdd y Porthmyn

Mud yw'r cerrig dros Bont Sgethin,
mud yw'r amser yng Nghwmorthin,
dim ond camau'r twrist tawel
ddaw i aflonyddu'r awel.

Ond pan gyfyd gwyntoedd Cymru
bydd pob llwybr yma'n brefu,
a chlindarddach hen bedolau
eto'n tician drwy yr oesau.

Ac yng nghanu'r lôn cawn glywed
ddoe a heddiw yn cydgerdded
tra bydd curiad cof y meini'n
troedio'r llwybrau yn Eryri.

Llion Pryderi Roberts

Gweld y Gorwel

Yn *rehab* y colli nabod – sŵn traed
sy'n troi'r awr ddiddarfod,
sŵn y byw diflasa'n bod.

Yn *rehab*, bod yw'r rheol, – bod drwy'r dydd,
bod drwy'r daith hunanol
wna *druggie*'n dod o'i rigol.

Yn *rehab* o dan label, – yn nheilchion
ergydion ei gawdel
gwrid ei gariad yw gorwel.

Sŵn y dydd yw hi sy'n dod – o'r nosau,
rhanna ias cyfarfod,
y sŵn byw melysa'n bod.

Aneirin Karadog

Y Llanc Ifanc o Lŷn

Pwy ydyw dy gariad, lanc ifanc o Lŷn,
Sy'n rhodio'r diwedydd fel hyn wrtho'i hun?
Merch ifanc yw 'nghariad o ardal y Sarn,
A chlyd yw ei bwthyn yng nghysgod y Garn.

Pa bryd yw dy gariad, lanc ifanc o Lŷn,
Sy'n rhodio'r diwedydd fel hyn wrtho'i hun?
Pryd tywyll yw 'nghariad, pryd tywyll yw hi,
A'i chnawd sydd yn wynnach nag ewyn blaen lli.

Sut wisg sydd i'th gariad, lanc ifanc o Lŷn,
Sy'n rhodio'r diwedydd fel hyn wrtho'i hun?
Gwisg gannaid sidanwe, laes at ei thraed,
A rhos rhwng ei dwyfron mor wridog â'r gwaed.

A ddigiodd dy gariad, lanc ifanc o Lŷn,
Sy'n rhodio'r diwedydd fel hyn wrtho'i hun?
Ni ddigiodd fy nghariad, ni ddigiodd erioed
Er pan gywirasom ni gyntaf yr oed.

Pam ynteu daw'r dagrau, lanc ifanc o Lŷn,
I'th lygaid wrth rodio'r diwedydd dy hun?
Yr Angau a wywodd y rhos ar ei gwedd,
A gwyn ydyw gynau bythynwyr y bedd.

William Jones

Neb

Dwi ddim yn rhy dena',
dwi ddim yn rhy dew;
dwi ddim yn dwp,
dwi'n g'neud yn go lew;
dwi ddim yn rhy glyfar,
dwi ddim yn rhy dda;
dwi ddim yn swot,
does gen i'r un pla –
dwi ddim yn amlwg
dwi ddim yn dweud
am yr holl betha' hyll
rwyt ti'n eu gwneud;
dwi ddim yn Welshi,
dwi ddim o wlad Pwyl;
dwi yno'n y gornel
pan wyt ti yn cael hwyl;
dwi ddim yn clywed
dwi'n edrych draw
rhag gweld y dagrau
yn gymysg â'r glaw.
Pan wyt ti'n troi i edrych,
a'th wên fileinig,
fydda' i yn iawn –
dwi'n anweledig.

Dwi'n neb.

Haf Llewelyn

Bro

Fe ddaw crawc y gigfran o glogwyn y Pendist Mawr
Ar lepen yr Wyddfa pan gwffiwyf ag Angau Gawr.

Fe ddaw cri o Nant y Betws a Drws-y-coed
Ac o Bont Cae'r-gors pan gyhoeddir canlyniad yr oed.

Fe ddaw craith ar wyneb Llyn Cwellyn, ac ar Lyn
Y Gadair hefyd daw crych na bu yno cyn hyn.

Fe ddaw crac i dalcen Tŷ'r Ysgol ar fin y lôn
Pan grybwyllir y newydd yng nghlust y teliffôn.

Fe ddaw cric i gyhyrau Eryri, ac i li
Afon Gwyrfai daw cramp fy marwolaeth i.

Nid creu balchderau mo hyn gan un-o'i-go' –
Mae darnau ohonof ar wasgar hyd y fro.

T. H. Parry-Williams

Far Rockaway

Dwi am fynd â thi i Far Rockaway,
Far Rockaway,
mae enw'r lle
yn gitâr yn fy mhen, yn gôr
o rythmau'r haf a llanw'r môr:
yn sgwrs cariadon dros goffi cry'
ar ôl taith trwy'r nos mewn pick-up du,
yn oglau petrol ar ôl glaw,
yn chwilio'r lleuad law yn llaw,
yn hela brogaod ar gefnffordd wleb,
yn wefr o fod yn nabod neb:

dwi am fynd â thi i Far Rockaway,
Far Rockaway,
lle mae cwr y ne
yn golchi'i thraed ym mudreddi'r traeth,
ac yn ffeirio hwiangerddi ffraeth,
lle mae enfys y graffiti'n ffin
rhwng y waliau noeth a'r haul mawr blin,
lle mae'r trac yn teithio'r llwybr cul
rhwng gwên nos Sadwrn a gwg y Sul,
a ninnau'n dau yn rhannu baich
ein cyfrinachau fraich ym mraich:

dwi am fynd â thi i Far Rockaway,
Far Rockaway,
lle mae heddlu'r dre
yn sgwennu cerddi wrth ddisgwyl trên
ac yn sgwrsio efo'u gynnau'n glên,
lle mae'r beirdd ar eu hystolion tal
yn cynganeddu ar bedair wal,
yn yfed wisgi efo gwlith,
yn chwarae gwyddbwyll â'u llaw chwith,
mae cusan hir yn enw'r lle –
Far Rockaway, Far Rockaway.

Iwan Llwyd

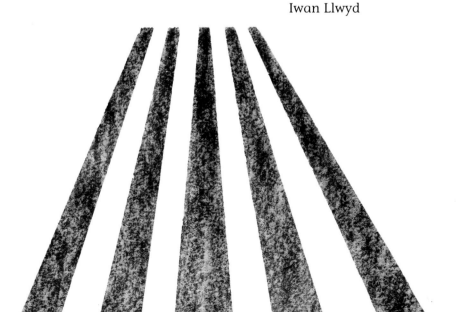

Miserere

Na'm gofid mae gofid gwaeth – mi a wn,
   Ym mynwes dynoliaeth,
   Ond nid yw lon galon gaeth
   Am un arall mewn hiraeth.

Mae gwaeth llwyth ar dylwyth dyn – i'w wanhau
   Na'm un i o dipyn;
   Mae rhyw wae mwy ar rywun,
   Ond chwerwaf ing f'ing fy hun.

Llidiog gymylau llwydion – yn un cylch
   Yn cau eu pryderon,
   A'u gwasgu du'n don ar don
   Yn trymhau'r twr amheuon.

Aeth hwyl pob gorchwyl dros go', – nid yw byw'n
   Ddim byd ond mynd drwyddo,
   Wedi'r haf daw gaeaf dro,
   I beth yr wy'n gobeithio?

Mor agos yw'r nos yn awr, – a byw gŵn
   Ei bwganod enfawr
   Yn hela gweiniaid dulawr,
   Mor bell yw llinell y wawr.

Pa les cwmnïaeth wresog, – na geiriau
Cyfeillgarwch oriog?
Ni wŷr neb na Thir na n-Og
Na gwae mud ei gymydog.

Diau bydd tywydd tawel, – a gwanwyn
Gwynnach wedi'r oerfel,
Eithr y galon hon ni wêl
Y graig aur ar y gorwel.

Ymlaen, er na wn ymhle, – mae gemog
Gwmwl hardd ei odre,
Uwch y niwl a düwch ne',
Darn o'r haul draw yn rhywle.

Dic Jones

Plentyn Ar Siglen

Fy mhenblwydd dwyflwydd, rhwydd yr ei
ymlaen, yn ôl, yn ôl, ymlaen.
Amgenach haf na hwn ni chei,
cyn cloi pob munud yn y maen,
cyn fferru'r breuddwyd, rhwymo ddoe'r
gorfoledd yn y garreg oer.

Tefli'r chwerthiniad dwyflwydd oed
yn belen gron o'm blaen, a gwres
yr haul yn cydio uwch y coed
yn dy chwerthiniad di'n y tes,
a haul ein haf yn taflu'n ôl
dy chwerthin di, dy ffwlbri ffôl.

Eiliadau yw sigladau'r glwyd,
'rwyt tithau'n mynd ar bendil cloc;
nid oes a'u deil na rhaff na rhwyd,
ni bydd un eiliad danat toc,
na gorfoleddu dy ddwy flwydd
yn sglein yr haul, na siglo'n rhwydd.

Pan fydd y siglen yn yr ardd
yn siglo'n wag, nes galw'n ôl
oriau ein dyddiau di-wahardd,
y dyddiau digyffelyb, ffôl,
cofiaf dy chwerthin yn fy ngŵydd,
cofio cofleidio dy ddwy flwydd.

Alan Llwyd

Hiraeth

Dadwrdd traed ar balmant llydan,
twrf olwynion ar y stryd,
minnau heb na ffrind na chymar
yno'n crwydro'n fyddar, fyddar,
drwy y berw i gyd.

Rhai yn chwerthin, rhai yn canu,
cochliw'r clared ar eu min,
minnau'n methu dirnad ennyd
pam na fedrwn foddi 'nhristyd
lle 'roedd cymaint gwin.

Pam na fedrwn innau ganu?
Pam na fedrwn lawenhau?
Dysgais yno yn fy nghyni
na bu torf erioed yn gwmni
pan wahaner dau.

Dewi Emrys

Gwrthod

Ar ôl anrhegu'i baban
i arall lond ei siôl,
fe gaeodd ddrws ei ch'wilydd
yn glep, heb edrych nôl.

Ychydig a wyddai'r bychan
y byddai'r drws a roes
y glep yn nyddiau'i febyd
yn glep ar hyd ei oes.

Mari Lisa

Dwy Law yn Erfyn

Dwy law yn erfyn sydd yn y darlun
Wrth ymyl fy ngwely i;
Bob bore a nos mae'u gweddi'n un dlos,
Mi wn er na chlywaf hi.

Pan af i gysgu, mae'r ddwy law hynny
Wrth ymyl fy ngwely i
Mewn gweddi ar Dduw i'm cadw i'n fyw,
Mi wn er na chlywaf hi.

A phan ddaw'r bore, a'r wawr yn ole
Wrth ymyl fy ngwely i;
Mae'r weddi o hyd yn fiwsig i gyd,
Mi wn er na chlywaf hi.

Rhyw nos fach dawel fe ddwg yr awel
O ymyl fy ngwely i
Y weddi i'r sêr, fel eos o bêr,
A minnau'n ei chlywed hi.

T. Rowland Hughes

Hyd yn Oed

Hyd yn oes os bydd pob tân yn Llŷn yn marw,
hyd yn oed os bydd y nos yn dod i ben,
a neb yn clywed clychau Cantre'r Gwaelod
a bod 'run lôn yn mynd i'r Garreg Wen;

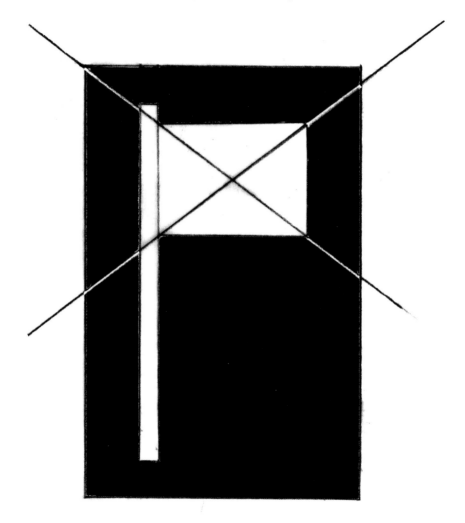

hyd yn oed os yw'r Dref Wen yn enw diarth,
hyd yn oed os sychith gwely Llyn y Fan,
a bod golwg hagrwch cynnydd yn Eifionydd
a ffatri rhwng dwy afon yn Rhoslan;

hyd yn oed os ydyw'r ddrudwen ar ei chythlwng
a chorff yr Hedydd yn golygu dim,
a gwyddfid yn tywyllu Ffynnon Cybi,
a'r garreg wedi syrthio ym Mhont Cim;

hyd yn oed os deil y deri i ymdaro,
a bod ein holl farwnadau i gyd dan gen,
bydd rhai yn dal i fynd i ben y lonydd,
bydd rhai yn gwrthod chwifio'r faner wen.

Meirion MacIntyre Huws

Ysgol Brofiad

Sacrifice: cân Elton John
ar wers segur bnawn Gwener
pan warchodwn
Flwyddyn 10.

'Mae'r gân yma yn gwneud i mi grïo, syr.
'Dwi'n cofio'r gwahanu,'
meddai merch
bedair ar bymtheg oed
na fuasai byth
yn mentro hyn
ar orfodaeth papur.

A theimlais
fy nagrau mewnol innau
yn clymu'n hawdd
â'i rhai hi.

Dim ond bod fy rhai i
ddim yn dangos.

Gwyddem ein dau
am: *'cruel, cruel heart
    hard done by you.'*
Ond gwyddai hithau fwy na fi.

Daeth ein hing yn un
yn y caban dysgu simsan
a'r glaw yn stemio'r ffenest
a chuddio'n golwg ar yr haul,
yr un prynhawn hwnnw.

Aled Lewis Evans

Gail, Fu Farw

('She was free to die')

Ar ôl gweld ffilm deledu (*documentary*) dan y teitl *Gail is Dead* –
hanes bywyd merch ifanc a fu farw o effaith cyffuriau.

Mor ddi-ystyr fu ei mynd, a'i dyfod.
Y ferch lwyd
Fu'n eitha niwsans i bawb
O'r dechrau.
Parselwyd o le-rheilings i le-tan-glo
Ar y dyddiad-a'r-dyddiad.
Cartref plant. Borstal. Carchar.
Syllodd ar fyd
Trwy fyd
Na faliai.

Ei llais mor dawel.
'Hapus? Mae'n siŵr.
Yn blentyn . . .'
Llais na chredai ei eiriau ei hun.

Ffug-hapusrwydd heroin,
Ac yna'i harch
Yn diflannu i dywyllwch taclus, mesuredig,
I'w llosgi.
('Fe ddowch i'm hangladd?')
Llafargan gysurlon eglwyswr
Dieithr.

Ei ffrindiau
Od
Yn ysgwyd llaw.

Ac allan â hwy, i grio ar gornel y stryd
Drosti hi
A throstynt eu hunain.

Gollyngwyd hi'n rhydd,
Yn rhydd i ddewis marw.

Mor ddi-ystyr fu ei mynd, a'i dyfod.

Nesta Wyn Jones

Trofa Beryglus

Welé gornel nas gweli, – hen dro 'S'
Di-ben-draw yn troelli.
Yn raddol yr ei iddi
Neu i *dead-end* y doi di.

Dafydd Wyn Jones

Eglurhad

Wrth gerdded ar hyd strydoedd Llundain
Fe welais i drempyn o ddyn,
Gofynnodd am bres i gael cinio –
Nid oedd ganddo geiniog ei hun.
Gofynnais iddo'n geryddgar,
'Os rhoddaf y pres 'ma i chdi,
Wyt ti'n mynd i'w wario ar gwrw
Neu ai chwarae golff a wnei di?'
'Gwneud be?' meddai'r trempyn mewn syndod,
'Dwi ddim wedi yfed ers tro,
A dwi ddim wedi bod yn agos
At yr un clwb golff ers cyn co.'
'Reit, tyd,' medda fi wrtho wedyn,
'Fe a'i â chdi adra am bryd.'
'Ond beth am dy wraig?' meddai'r trempyn.
'Dwi'n drewi ac yn faw i gyd.'
'Paid poeni,' medda finna'n dawel,
'Dwi jyst isio iddi gael llun
Sut mae stopio yfed a golffio
Yn cael ffasiwn effaith ar ddyn.'

Huw Dylan Jones

Tyrd

Tyrd, anghofiwn y cyfan,
a gwelwn ogoniant ein gwinllan
yn y pethau bychain.

Awn yn droednoeth i ffrwd yr Hafod
lle mae brithyll yn gwingo dan y cerrig
a'r gwybed yn seiadu yn y coed.

Gwyliwn y bwrlwm du yn Nhrobwll y Widdan,
ac arogleuwn y gwŷdd gyda'r hwyr.

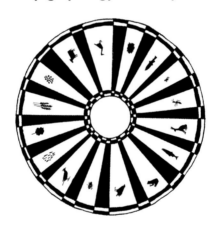

Awn i Foel Fadian ganol haf
lle mae'r llwyni llus yn llwythog;
neb ond y ni a'r haul a'r ehedydd.

Drachtiwn o risial y ffynnon hud yn y Garth
lle trigai'r broga.

A rhedwn at dywod Dyfi dan Bont y Trên
i wylio llam yr eog yn y pyllau,
a'r cylchoedd yn y dŵr.

Sylwn
ar y mwyar ar y cloddiau
yn wyrdd ac yn goch ac yn ddu
a'r gwyddfid na wiw mo'i dynnu yn sypiau persawrus;
ar y grug yn wyn ac yn borffor,
a'r pabi coch a'r ŷd;
ar osgeiddrwydd y boda uwch y coed,
a sioncrwydd yr ysgyfarnog;
ar ddiwydrwydd y gwenyn a'r morgrug
yng nghysgod y llygad llo mawr.

Tyrd, anghofiwn y cyfan,
a rhedwn â'r gwynt ar ein gruddiau
allan i groesawu'r haul.

Gwynn ap Gwilym

Gwreichion

Mae fy nghariad fel y gwreichion
weithiau'n wych ac weithiau'n wirion,
weithiau'n cynnau coelcerth ynof,
a thro arall yn cilio rhagof.

Mae fy nghariad fel y gannwyll,
cysur cudd pan fo hi'n dywyll,
ond ei golau gilia drennydd;
cwyr ei dagrau ar 'ngobennydd.

Diffydd tanllwyth pan ddaw'n gawod,
pyla'r pren dan dwmpath tywod.
Fe dry'r mawn yn fân farwydos;
llosgi wna fy nghalon beunos.

Gwyneth Glyn

Rhyfel

Gwae fi fy myw mewn oes mor ddreng,
A Duw ar drai ar orwel pell;
O'i ôl mae dyn, yn deyrn a gwreng,
Yn codi ei awdurdod hell.

Pan deimlodd fyned ymaith Dduw
Cyfododd gledd i ladd ei frawd;
Mae sŵn yr ymladd ar ein clyw,
A'i gysgod ar fythynnod tlawd.

Mae'r hen delynau genid gynt
Ynghrog ar gangau'r helyg draw,
A gwaedd y bechgyn lond y gwynt,
A'u gwaed yn gymysg efo'r glaw.

Hedd Wyn

Iaith Mam

(i blant a amddifadwyd o'r Gymraeg gan eu rhieni)

Dim rhosys cochion,
Dim lilis gwynion,
Dim llus, dim meillion,
Dim danadl poethion.

Dim glaw, dim enfys,
Dim tir, dim ynys,
Dim cusan melys,
Dim mêl, dim mintys.

Dim rheg, dim melltith,
Dim hud, dim lledrith,
Dim ŷd, dim gwenith,
Dim mawl, dim bendith.

Dim gwlad fy nhadau,
Dim eisteddfodau,
Dim swynol chwedlau,
Dim cyfrinachau.

Dim Pantycelyn,
Dim canu telyn,
Dim pishyn, pishyn,
Dim bara menyn.

Dim tristwch Branwen,
Dim noson lawen,
Dim Daniel Owen,
Dim cerdd, dim awen.

Dim hen benillion,
Dim telynegion,
Dim pêr englynion,
Dim traed mewn cyffion.

Dim Beni Beni,
Dim si hei lwli,
Dim hwiangerddi,
Dim mabinogi.

Mihangel Morgan

167

Cwlwm

Rhywun i wneud y nghareia' a geisiaf
ac, oes, mae'n y Cartra'
hwn ddyn sy'n eu clymu'n dda,
ond pam nad yw Mam yma?

T. Arfon Williams

Eifionydd

O olwg hagrwch Cynnydd
Ar wyneb trist y Gwaith
Mae bro rhwng môr a mynydd
Heb arni staen na chraith,
Ond lle bu'r arad ar y ffridd
Yn rhwygo'r gwanwyn pêr o'r pridd.

Draw o ymryson ynfyd
Chwerw'r newyddfyd blin,
Mae yno flas y cynfyd
Yn aros fel hen win:
Hen, hen yw murmur llawer man
Sydd rhwng dwy afon yn Rhos Lan.

A llonydd gorffenedig
Yw llonydd y Lôn Goed,
O fwa'i tho plethedig
I'w glaslawr dan fy nhroed.
I lan na thref nid arwain ddim,
Ond hynny nid yw ofid im.

O! mwyn yw cyrraedd canol
Y tawel gwmwd hwn,
O'm dyffryn diwydiannol
A dull y byd a wn;
A rhodio'i heddwch wrthyf f'hun,
Neu gydag enaid hoff, cytûn.

R. Williams Parry

Y Tedi Boi

Yr oedd siâp ei wallt yn wahanol, wrth gwrs,
ond am y gweddill ohono, nid oedd gwahaniaeth.

Yma yn y ward, tywalltai'r te-ben-bore
o'r tebot mawr; mesurai gynnydd ei gleifion
wrth eu llefrith a'u siwgwr a'u te;
dysgodd sut jôc i'w dweud wrth y pregethwr,
a sut un i'w dweud wrth y strôc yn y gwely bach;
gwyddai pa nyrs y gellid ei mentro yng nghornel cegin,
a pha nyrs na ellid ei mentro.

Edrychodd o gwmpas, llithrodd i batrwm ei fyd.
Ond bob diwrnod, gyda'r nos, am hanner awr,
a'r goleuadau'n cynnau yn y dref
o stryd i stryd mewn siop a sinemâu,
gorweddai'n bentwr llipa ar ei gefn;
cydiai mewn ffag, pwffian yn frysiog,
syllu'n flin a gwawdlyd ar y ward.

Arferai fod ar gornel stryd,
neu'n pwyso ar ysgwydd y jiwc bocs,
sŵn, rhythmau sŵn, yn meddiannu ei fyd,
lliw yn crochlefain o'i grys a'i socs,
a'r düwch yn gefndir, düwch ei siwt
a düwch cynhyrfus ei wejen giwt.

Bocs oedd ei fywyd, na ellid gadael
un fodfedd sgwâr ohono'n wag;
dan y masg set, roedd yn ddigon hael
ei ysbryd, cwmni'r bwrw brag
yn yr hen dafarn oedd hil ei gyndadau,
y cwmni bras, mynwesol, masweddol eu cywyddau.

Ond fe dorrwyd ar rythm ei fywyd,
diflannodd y sŵn, arafwyd y tempo,
bu raid iddo orwedd mewn gwely a gwylio'r mwg
yn cyrlio'n ddiog o'i sigarét
mewn awyr ddistaw, drom,
a byw a bod yn ei noethni ei hun.

Cyn hir ni allai dywallt te,
aeth yn amlach i gorlan ei wely,
a chasglai'r ward o'i amgylch i gynnal sgwrs.
Siaradai yntau am y tîm pêl-droed,
am Cliff, Satchmo, Duke, a'i foto-beic;
a dysgodd y pregethwr beth i'w ddweud wrtho fo.

Yr oedd steil ei wallt yn wahanol;
ond am y gweddill ohono, canser yw canser
ac nid oedd gwahaniaeth.

R. Gerallt Jones

Lliw

(Clywais gyffelybu'r ddynoliaeth i fyrddaid o beli pŵl)

Y Brenin Mawr yn rhoi sialc ar ei giw
A gwahodd y Diafol i ddewis ei liw,

A'r wen yn taranu yng ngrym y toriad
Gan chwalu'r peli i bob cyfeiriad –

I ddyfnder poced, neu i daro'i gilydd
Yn fyrddaid chwâl o liw aflonydd.

A'r wen yn suddo o un i un
(Ond câi ei hailosod 'tai'n suddo ei hun!)

A'r lliwiau yn syrthio bob un i'w tynged
Hyd nes i'r wen gael y ddu i'w phoced.

A Duw a'r Diafol yn rhoi'u ciwiau i hongian
Ac ysgwyd llaw, achos gêm oedd y cyfan.

Dic Jones

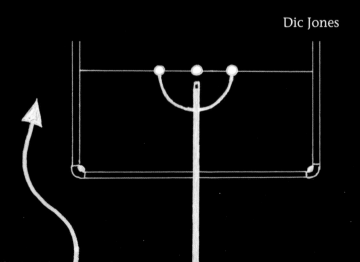

Y Sbectol Hud

Pan fydd yr haul yn cwato'r sêr i gyd,
a'r nos ar goll tu ôl i ddrws y dydd,
pan fydd y lleuad wen ym mhen draw'r byd,
a'r machlud fel y wawr ar orwel cudd;
neu pan fydd niwl yn gwisgo'r bryniau draw,
a phlu yr eira'n oeri brigau'r llwyn,
pan fydd y blodau trist yn crio'r glaw –
rho bâr o sbecs dychymyg am dy drwyn.

Ti'n gweld, mae gweld yn anodd ambell waith
a ninnau'n ddall i ryfeddodau'r byd,
am hyn, fy ffrind, cyn dechrau ar dy daith,
ym mhoced ôl dy jîns rho'r sbectol hud.
A gwisga hi, a mentra godi'r llen
i weld holl liwiau'r enfys sy'n dy ben.

Mererid Hopwood

Yr Enwog Richard Cory

(addasiad o gerdd gan Edwin Arlington Robinson)

Pan ddeuai Richard Cory lawr y stryd,
o'r pafin tlawd ei wylio wnaethom ni,
bonheddwr oedd, yn deg ei air o hyd
yn adrodd ei hanesion dewr, di-ri.

Dewinol oedd y ffordd y chwifiai ei ffon,
o dan ei winedd roedd llwch aur yn hel,
roedd pili-pala'n hedfan dan sawl bron
ble bynnag y cyflwynai'i wyneb del.

Roedd ganddo bopeth, popeth yn y byd,
a'i enw yn goleuo gwlad a thre',
a dal i wylio wnaethom ni i gyd
dyheu am gael un diwrnod yn ei le.

A gweithio'n hir a dyfal wnaethom ni,
a disgwyl am y golau o uwchben,
ac un p'nawn poeth aeth Richard Cory'n ôl
i'r Plas a gyrru bwled drwy ei ben.

Meirion MacIntyre Huws

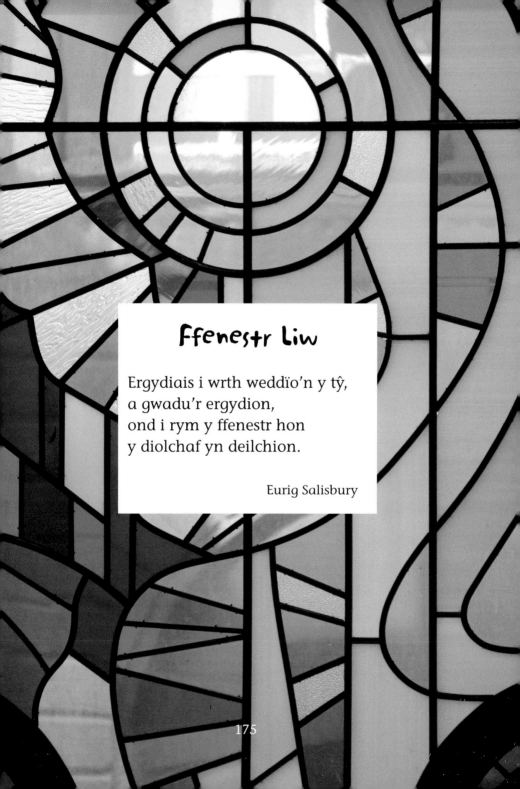

Ffenestr Liw

Ergydiais i wrth weddïo'n y tŷ,
a gwadu'r ergydion,
ond i rym y ffenestr hon
y diolchaf yn deilchion.

Eurig Salisbury

175

Y Coed

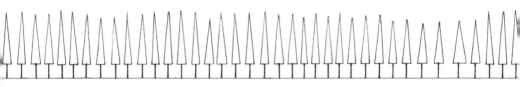

Chwe miliwn o goed yng Nghaersalem, fe'u plannwyd hwy
Yn goeden am bob corff a losgwyd yn y ffyrnau nwy.

Coed sydd yn estyn eu gwreiddiau i ganol lludw pob ffwrn,
Y lludw sydd wedi mynd ar goll, heb fynwent na bedd nac wrn.

Chwithig oedd gweled y cangau fel cofgolofnau byw,
Ac nid marmor na gwenithfaen, na hyd yn oed yr angladdol yw.

Ni chlywem ni na chlychau'r eglwys na mŵesin y mosg,
Ond clywed rhwng eu cangau hwy y marwnadau llosg.

Nid yw'r dwylo a'u plannodd yn ddieuog, na'u cydwybod yn lân,
Canys diddymodd yr Israeliaid bentrefi'r Arabiaid â'u tân.

Pam na ddylai'r Arabiaid, hwythau, godi yn Cario ac Amân
Fforestydd o goed i gofio?

Ond ni allwn ni gondemnio'r Natsïaid na'r Iddewon ychwaith
Canys fe droesom o'r awyr Dresden yn un uffern faith;

A gollwng y ddau fom niwclear ar y ddwy dre yn Japan.

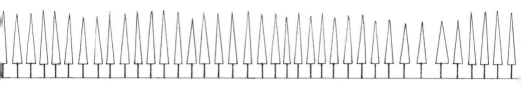

O'r holl ganrifoedd a gerddodd ar y ddaear er cychwyn y byd,
Yr ugeinfed yw'r fwyaf barbaraidd ohonynt hwy i gyd.

A bydd y nesaf yn waeth am fod y bomiau a'r rhocedi yn fwy,
A dyfeisir mewn labordai dirgel sawl math o nwy.

A phan ddaw'r trydydd Rhyfel i gadw ei ddychrynllyd oed,
Ni ellir rhifo'r lladdedigion llosg, na rhifo ychwaith y coed.

Chwe miliwn o goed yng Nghaersalem, chwe miliwn, a thair croes,
Ac ar y ganol Yr Unig Un a fu'n byw'r Efengyl yn ei oes.

Daw'r tymhorau i newid eu lliwiau, gwyrdd, melyn a gwyn.
Ond coedwig y marwolaethau'n aros a fyddant hwy, er hyn.

Pan fyddant ymhen blynyddoedd wedi tyfu i'w llawn maint,
Fe wêl y genhedlaeth honno nad oeddem ni yn llawer o saint.

David James Jones (Gwenallt)

Twyll

Darllen y silffoedd:
    siwgwr coch o Jamaica,
    gwenith o La Plata,
    afalau pîn o Malaysia,
    datys o Arabia,
    cnau o'r Himalaya,
    coco o Ghana,
    india corn o Guatemala
  – maen nhw'n ein bwydo ni.

Darllen y papurau newydd:
    arian at anrhefn Rwanda
    at newyn Ethiopia
    at ddyfrio Botswana
    at ysgolion Bolifia
    at dlodion daeargryn yn India
  – dan ni'n eu bwydo nhw.

Cil-dwrn ein cydymdeimlad,
hatling ein help llaw
at dractorau,
at helynt yr holl dymhorau,
ac at logau banc y ni a'r Ianc.

Darllen rhwng y silffoedd:
    reis o grochanau gwag Cambodia,
    te gan noethion Sri Lanka,
    coffi o shantis Colombia,
maen nhw'n ein bwydo ni,
dan ni'n eu bwyta nhw.

Myrddin ap Dafydd

Holi

Â thi'n bodoli, gyfaill, nid yw ond teg dy fod
yn cael yr hawl i holi am reswm byw a bod.

Cei chwilio'r holl lyfrgelloedd a thudalennau'r we;
cei rythu tua'r gofod a darllen dail dy de;

cei chwalu'r holl atomau a theithio i fydoedd pell;
cei fesur tro'r planedau a moleciwlau'r gell.

Ond, gyfaill, cei mai ofer fydd d'ymdrechion di bob un:
mae'r ateb i'th gwestiynau yn dy galon di dy hun.

Iwan Rhys

Tai Unnos

Sbwriel oes yr iâ oedd y cerrig llyfnion
orweddai'n flêr hyd lannau'r afon:

sbarion a shafins cŷn a morthwyl y rhewlif
a siapiodd bob dyffryn ganrif wrth ganrif:

ac â'r sbwriel cododd ein cyndeidiau'n ddyfal
fwthyn clyd yn nhro'r afon, ar seiliau petryal;

gosod carreg ar garreg rhwng gwyll a gwawr,
a chynnau tân cyn i'r landlord dynnu'r cyfan i lawr;

hawlio darn o dir a'i godi'n aelwyd,
drwy nerth bôn braich troi llafur yn freuddwyd:

ar lannau traffyrdd y dinasoedd llwydion,
ac yng nghesail goncrid swyddfeydd gweigion,

dan bontydd ffyrdd osgoi, mewn meysydd parcio mae rhai
yn eu dyblau heno hefyd wrthi'n codi tai,

rhoi trefn ar sbwriel dan y sêr,
hawlio darn o dir â bocsys cardbord blêr.

Iwan Llwyd

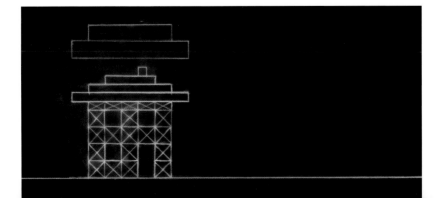

Dychwelyd

Mewn bar fu mor gyfarwydd
â'i gwrw'n gân, hen groen gŵydd
yw y chwithdod sy'n codi
rownd wrth rownd ar fy ngwar i.

Yn nodau oer gwyn a du
y gân, rwy'n mentro gwenu,
gwên ryfedd, hanner meddwol
a oedd flynyddoedd yn ôl
yn wên gaib, yn gam i gyd,
anufudd o wên hefyd.

I'r glas di-embaras bydd
y golau'n wres digwilydd,
ond gwres oer digroeso yw,
a chlydwch ar chwâl ydyw,
yn hen gartref dieithr hefyd,
pen draw'r bar fel pen draw'r byd.

Yn llawn o gwrw llynedd,
shot wrth shot chwiliais am sedd.

Sadiais, eisteddais ar stôl
ar y ffin â 'ngorffennol.

Hywel Griffiths

182

Estyn Dwylo

Mae 'mreichiau i'n estyn i'r pellter sydd rhyngom ni,
Weli di fy nwylo i, yn ysu am dy gyffwrdd di?
Weli di fy mysedd i yn methu'n lân a'th gyrraedd di?
Pam na ddoi di'n ôl?

Nid oes dim ond gwacter lond fy mreichiau i;
Gweddwon yw fy nwylo, drwyddynt rhed y dagrau'n lli;
Bysedd mud yn cofio hynt dy wên fach di;
Pam na ddoi di'n ôl?

Fe fyddai 'mreichiau'n hapus lawn o afael amdanat ti,
Fe fyddai 'nwylo'n chwerthin wrth dy gyfarch di,
A 'mysedd i yn siarad drosof fi, 'nghariad i . . .
Pan ddoi di yn ôl.

Nesta Wyn Jones

Michael

Roedd o'n gwybod ar ei gof
i'r funud
pryd yr oedd y bws a'r bws
yn gadael y fan a'r fan
ac yn cyrraedd y lle a'r lle.

Roedd o'n gwybod hefyd
i'r fodfedd
sawl milltir droellog
oedd rhwng y lle a'r lle
i'r fan a'r fan.

Roedd o'n gwybod,
beth fyddai lliw y bws
a ddeuai heibio i'r drofa
nesaf
ymhell cyn iddi ddod
i'r golwg
a synnwn i ddim
petai rhywun yn ei holi
na fyddai'n gwybod
beth gafodd ei yrrwr
i'w frecwast cyn cychwyn allan.

Ond doedd o ddim yn gwybod
yn ei galon
beth oedd cariad mam
pan oedd o'n cael ei adael
yn y tŷ
ar ei ben ei hun
ddydd ar ôl dydd,
a bod gofal tad
yn fwy na strap lledar
ar draws ei din noeth
yn unigrwydd y nos.

Dyna pam yr oedd,
yn y gwersi maths a'r gwersi Saesneg,
a'r gwersi popeth arall o ran hynny,
a phan oedd
ar yr aelwyd oer
yn refio'n wallgo
ar fws ei ddychymyg gwyrdd
o'r orsaf yn y fan a'r fan
i chwilio am y lle a'r lle
trwy'r goleuadau
oedd bob amser
ar goch.

Gwynne Williams

Ffos

'Doedd ond rhyw fymryn bach o ddŵr,
wrth i mi feddwl am ers talwm
yn llifo heibio yn llawn stŵr.
'Doedd ond rhyw fymryn bach o ddŵr,
a minnau'n awr yn eitha siŵr
mai yn Gymraeg y clywn ei bwrlwm.
'Doedd ond rhyw fymryn bach o ddŵr
wrth i mi feddwl am ers talwm.

Mae mwy o bŵer yn y lli
na'r holl sibrydion rwy'n eu cofio
dan heulwen braf 'mhlentyndod i.
Mae mwy o bŵer yn y lli
nad yw yn dallt fy ngeiriau i
a diarth iawn yw'r tonnau'n treiglo.
Mae mwy o bŵer yn y lli
na'r holl sibrydion rwy'n eu cofio.

Dafydd John Pritchard

Etifeddiaeth

Cawsom wlad i'w chadw,
darn o dir yn dyst
ein bod wedi mynnu byw.

Cawsom genedl o genhedlaeth
i genhedlaeth ac anadlu
ein hanes ni ein hunain.

A chawsom iaith, er na cheisiem hi,
oherwydd ei hias oedd yn y pridd eisoes
a'i grym anniddig ar y mynyddoedd.

Troesom ein tir yn simneiau tân
a phlannu coed a pheilonau cadarn
lle nad oedd llyn.
Troesom ein cenedl i genhedlu
estroniaid heb ystyr i'w hanes,
gwymon o ddynion heb ddal
tro'r trai.
A throesom iaith yr oesau
yn iaith ein cywilydd ni.

Ystyriwch; a oes dihareb
a ddwed y gwirionedd hwn:
Gwerth cynnydd yw gwarth cenedl
a'i hedd yw ei hangau hi.

Gerallt Lloyd Owen

Torri'r Garw

(ar ôl clywed bod un o'm ffrindiau dyddiau-ysgol
bellach yn dioddef o ganser ar y fron.)

Codaf y ffôn aflonydd
ddwywaith neu deirgwaith y dydd
a'i dal rhwng fy mysedd dig;
y bysedd fi-sy'n-bwysig
na ddeialant dy ddolur
na chael gafael yn dy gur:
ofni stori, deigryn, stŵr
sillafau petrus, llwfwr,
a'r glatsien nas yngenir –
geiriau gwag a ŵyr y gwir.

Mewn 'sgrifen lân, hunanol,
ar ddalen wen trof yn ôl
at eiriau call sy'n troi cur
dy holl wythi'n gnawd llythyr.
Er hyn, er im bendroni,
mae'r inc yn fy meiro i'n
rhy fud, rhy eiriog, rhy fên,
rhy euog ei gystrawen;
sŵn dim sy'n ei idiomau'n
mynnu dod rhyngom ein dau.

Wyf am iaith o dân fy mol,
nid iaith y geiriau dethol;
yng ngramadeg fy rhegi
dweud fy nweud a fynnwn i
yn fy nhro cyn postio'r peth
yn ei amlen anghymleth.

Ni wn a oes cyfiawnhau
y gohirio llawn geiriau,
a'r atal llond y ddalen
pan fo iaith yn artaith wen,
neu'n ddim, fel tae'r gair neu ddau
yn waeth na'i hartaith hithau.

Diawliaf. Diawliaf hyd wylo.
Ta waeth. Bwrw ati 'to.
A chael, rhwng y gwrid a'r chwys,
inc araf – 'Annwyl Carys . . .'

Ceri Wyn Jones

189

Delyth (fy merch) yn ddeunaw oed

Deunaw oed yn ei hyder, – deunaw oed
    Yn ei holl ysblander,
   Dy ddeunaw oed boed yn bêr,
   Yn baradwys ddibryder.

Deunaw – y marc dewinol, – dod i oed
    Y dyheu tragwyddol,
   Deunaw oed, y deniadol,
   Deunaw oed nad yw'n dod 'nôl.

Deunaw oed, – dyna adeg, – deunaw oed
    Ni wêl ond yr anrheg,
   Deunaw oed dy i'engoed teg,
   Deunaw oed yn ehedeg.

Echdoe'n faban ein hanwes, – ymhen dim
    Yn damaid o lances,
   Yna'r aeth y dyddiau'n rhes,
   Ddoe'n ddeunaw, heddiw'n ddynes.

Deunaw oed yw ein hedyn, – deunaw oed
    Gado nyth y 'deryn,
   Deunaw oed yn mynd yn hŷn,
   Deunaw oed yn iau wedyn.

Deunaw oed ein cariad ni, – deunaw oed
   Ein hir ddisgwyl wrthi,
  Deunaw oed yn dynodi
  Deunaw oed fy henoed i.

Dic Jones

Lôn Wen

Os cawsom, bob un, ein geni ar allt
ar fynydd o fywyd na cheisiwn mo'i ddallt
    un bore diamser, di-funud, di-awr,
   a'n bryd ar i fyny, a'n traed ni ar lawr,
    mewn pentref dienw yn welw ei wên
ond sy'n mynnu rhyw gyffro cyn marw yn hen,
lle mae'r chwerthin yn feddw a'r dagrau yn hallt
    a'r oleddf o alar na cheisiwn mo'i ddallt:

nid oes ond un dewis, sef dringo dy daith
    i chwilio golygfa'r pellterau maith,
   a dringo dy enaid i'r copa gwyn –
    dringo am na chei di ildio'n fan hyn,
tra bo hoelion mewn gwadnau a llwch ar dy foch,
    y llechen yn hollti, a'th lafur yn goch;
   a duw yn ei awyr yn gwylio o hyd
gan wenu ar holl gytiau colomennod y byd,
    nes chwythu a sychu dy ddagrau hallt
ar fynydd y bywyd na chawn ni mo'i ddallt:

a dyna pam, weithiau, y cawn ni rai sêr
yn llygaid o obaith uwch ein hantur flêr,
am fod grug ac eithin mor flin ganol dydd
    yn rogio carpedu ein llwybrau o ffydd;
a'r ysgall mor bigog, y danadl yn oer,
mi geisiwn gwmpeini dan gryman o loer
    wrth oedi i gymuno ar jeli a the

yng nghilfan argyfwng ein seithfed ne':
bryd hynny, mi dybia' i mod innau'n how-ddallt
pam fod chwerthin mor chwerw, a chrio yn hallt:

ond sut gwn i'n y diwedd, heb na signal na sôn,
     os oes yna gyrraedd i ben y lôn?
O'm cwmpas, ni bydd yna nag arwydd na bedd,
     dim ond y presennol, a gorwel o hedd . . .
        pan wela' i Gaernarfon yn gastell a gŵyl,
     ac mi wela' i Sir Fôn a'i stemars hwyl;
ac os gwela' i Iwerddon ar ddiwrnod clir,
ar ddiwrnod cymylog y gwela' i'r gwir;
a phan wela' i Lundain yn balas o bell,
mi glywa' i ryw straeon, a'u dawnsio nhw'n well:

    a finnau fy hun ar fynydd o allt,
       mi ddo' i'n agosach nag erioed at ddallt –
am fod bywyd yn chwerw, a'i chwerthin mor hallt.

Karen Owen

Y Rhosyn a'r Gwynt

Plygais un noson i sgwrsio â'r gwynt
a'm calon i'n curo yn gynt ac ynghynt,
siarad am eiliad am bopeth a dim,
a'm henaid i'n gwrando a'i anal e'n chwim.

Plygais un noson i ddawnsio â'r gwynt,
a'm calon i'n curo yn gynt ac ynghynt,
symud am funud heb fentro ymhell,
a'm henaid i'n clywed ei alaw e'n well.

Plygais neithiwr i gusan y gwynt,
a'm calon i'n curo yn gynt ac ynghynt,
rhoes iddo 'mhetalau, rhai cochaf i gyd,
a'i adael i'w cipio i bellter y byd.

Plygaf, heno, fy mhen at y tir,
a'm calon yn gwybod yn wir, yn wir –
er colli 'mhetalau, rwy'n gyfan yn awr,
a chariad y gwynt wedi 'nghodi o'r llawr.

Mererid Hopwood

Plentyn yn Angladd ei Fam

Yr oedd yno wrtho'i hun, – er bod tad,
er bod torf i'w ganlyn,
ddoe i'r fynwent aeth plentyn,
ohoni ddoe daeth hen ddyn.

Gerallt Lloyd Owen

Glanyfferi

Glas y bore 'Nglanyfferi'n
cyffwrdd tywod aber Tywi
a chyn i'r niwl o'r tonnau ddianc,
gwelais hi yn groten ifanc
    yn haul yr haf yng Nglanyfferi.

Yma doi hi'n ôl yr hanes
am yr hwyl a'r cwmni cynnes,
pnawn i ffwrdd o'r caeau melyn
i gicio'i sodlau wrth yr ewyn
    yn haul yr haf yng Nglanyfferi.

Dal y trên ym Mhantyffynnon
tynnu coes a chodi calon,
bois glo caled mewn hwyl canu,
bois y wlad ddim ond yn gwenu,
    ar y ffordd i Lanyfferi.

Pawb i lawr ar lannau Tywi,
mewn i'r caban, dishgled handi
nes daw sŵn cadwynau'n winsho,
lleisiau bois y cwch yn cario
    wrth nesáu at Lanyfferi.

Awn ni dros yr afon sidan
dros y dŵr i draeth Llansteffan?
Lan i'r castell ar y tyle?
Trochi'n traed cyn troi am adre,
    croesi'n ôl i Lanyfferi.

Lawer haf yn ôl oedd hynny:
wel'di ben y winsh yn rhydu?
Adar môr sy'n galw enwau:
ambell un yn brifo weithiau
    yng glas y bore 'Nglanyfferi.

Does dim lleisiau heddiw'n nesu,
sŵn cael amser da – gan synnu
sut oedd amser wedi hedfan,
yntau'r hwyr yn dod mor fuan
    'slawer haf yng Nglanyfferi.

               Myrddin ap Dafydd

Anifail Anwes

I'r ardd gefn, yn gerddi i gyd,
Y daw yr adar diwyd
Efo'r awen foreol,
Gan barablu'n hy yn ôl
A galw ar ei gilydd
Mewn aduniad doriad dydd.

Ni chlywant felan canu
O'r tu ôl i ddrysau'r tŷ,
Lle mae un ohonyn nhw,
Un anwylach, yn galw
Wrth edrych draw o gawell
Ar y byd a'i weld mor bell.

Rhys Iorwerth

Dinas Noddfa

Pan yrr y Sêr eu cryndod drwy dy waed
gan siglo dy gredoau megis dail;
pan brofo'r Nos y pridd o'r hwn y'th wnaed
a'i hofn yn chwilio'th sylwedd hyd i'th sail;
neu pan wrandewi rigwm trist y Môr
sy'n dweud yn dywyll ei lesmeiriol gŵyn,
a'r Gwynt sy'n mynd a dyfod heibio'th ddôr
yn gryg trwy'r coedydd ac yn floesg trwy'r brwyn;

dilyn y doeth – a chyfod iti gaer
lle ceffi noddfa rhag eu gormes gref,
yn Arglwydd dy ddiddymdra, ac yn saer
dy nef dy hun. Neu ynteu dilyn ef
pan adeilado deml – nid o waith llaw –
goruwch dirgelwch Natur a thu draw.

R. Williams Parry

Hwiangerddi

Arglwydd, gad im bellach gysgu,
Trosi'r wyf ers oriau du:
Y mae f'enaid yn terfysgu
A ffrwydradau ar bob tu.

O! na ddeuai chwa i'm suo
O Garn Fadryn ddistaw, bell,
Fel na chlywn y gynnau'n rhuo
Ond gwrando am gân y dyddiau gwell.

Hwiangerddi tyner, araf,
Hanner-lleddf ganeuon hen,
Megis sibrwd un a garaf
Rhwng ochenaid serch a gwên;

Cerddi'r haf ar fud sandalau'n
Llithro dros weirgloddiau Llŷn;
Cerddi am flodau'r pren afalau'n
Distaw ddisgyn un ac un;

Cerdd hen afon Talcymerau
Yn murmur rhwng yr eithin pêr,
Fel pe'n murmur nos-baderau
Wrth ganhwyllau'r tawel sêr.

Cerddi'r môr yn dwfn anadlu
Ger Abersoch wrth droi'n ei gwsg;
Cerddi a'm dwg ymhell o'r gadlu,
Cerddi'r lotus, cerddi'r mwsg.

O! na ddeuai chwa i'm suo,
O Garn Fadryn ddistaw, bell,
Fel na chlywn y gynnau'n rhuo
Ond gwrando am gân y dyddiau gwell.

Cynan

"Walkers' Wood"

Bore hydrefol hyfryd oedd hi a Betws-y-coed bron yn wag o ymwelwyr. Lliwiau gwych ar y coed, dim acenion main i'w clywed ar y llwybr – oedd, roedd hi'n foment farddonllyd. Ond yna, dyma'r bychan yn holi a dyma weld bod y fusutors wedi gwneud llanast o'r lle mewn mwy nag un ffordd. Dyna'r drwg efo'r diwydiant ymwelwyr – maen nhw'n dod yma gan ddyheu am baradwys ac yn mynd o'ma gan adael y lle'n stomp.

'Oes 'na enw ar y coed 'ma, Dad?
– I mi gael dweud y stori fawr wrth Taid.'
'Coed Llugwy ydi'r enw arnynt, was,
Ond *Walkers' Wood* sydd yn y *Betws Guide.'*

'Pam fod y dail ar hyd y ddaear, Dad?
Pam fod eu lliw run fath â crisps yn awr?'
'Mae popty'r hydref wedi'u rhostio, was,
A'u taenu'n wledd ar hyd y llawr.'

'Ble ddaeth hon, y ddeilen felen, Dad,
A dannedd mân ar hyd ei hymyl hi?'
'Mae'i chwiorydd ar y gollen acw, was,
Sy'n rhannu ei gofidiau gyda'r lli.'

'A hon, run lliw â cheiniog newydd, Dad?'
'Mae twll ym mhwrs y ffawydd, beryg iawn.'
'A'r rhain, fel darnau o jig-sô 'ta, Dad?'
'Y dderwen acw ydi'r llun yn llawn.'

'Oddi ar pa goeden y daeth nacw, Dad?
Mae'n wyrdd a glas, mae'n sgleinio yn y mwd.'
'Paced o *Walkers' Crisps* 'di hwnna, was,
Ar ôl y rhai fu'n crwydro *Walkers' Wood.'*

Myrddin ap Dafydd

Y Cudyll Coch

Daeth cysgod sydyn dros y waun,
A chri a chyffro lle'r oedd cerdd
A chwiban gwyllt aderyn du
A thrydar ofnus llinos werdd,
Ac uwch fy mhen ddwy adain hir
Yn hongian yn yr awyr glir.

Fe safai'r perthi ar ddi-hun,
A chlywid sŵn ffwdanus lu
Yn ffoi am noddfa tua'r llwyn
Mewn arswyd rhag y gwyliwr du;
Ac yntau fry yn deor gwae,
A chysgod angau dros y cae.

A minnau yno'n syllu'n syn,
Ar amrant – yr adenydd hir
Dry dan fy nhrem yn flaenllym saeth,
A honno'n disgyn ar y tir;
Ac yna un, a'i wich yn groch,
Yng nghrafanc ddur y cudyll coch.

I. D. Hooson

204

Rhaid

Wylais unwaith ar obennydd
na bu dagrau arno erioed,
wylo dafnau angerddoldeb
bywyd llanc a meddal oed.

Ond nid wylwn am un camwedd, –
nid oedd hynny'n fy nhristáu;
ac nid wylwn edifeirwch, –
ni wyddwn i edifarhau.

Duw a ŵyr beth oedd fy nagrau,
Ef ei Hun oedd biau'r lli;
wylwn am fod rhaid i'r Duwdod
wrth fy nagrau i.

T. H. Parry-Williams

Arwriaeth

Arwr mawr
fy ieuenctid i
oedd Andy Capp.

Bob amser wedi meddwi
ac yn curo pawb mewn darts neu filiards.
A chwilio am ffeit
a cholbio'i wraig
a mwydro'r dyn dôl
a chysgu ar y soffa
   yn lle mynd allan i chwilio am waith
ac yfed
a meddwi'n dwll
a stidio pawb mewn ffeit ar gornel stryd
a'i wraig ar stepan drws
heb ollwng ei ffag o gornel ei geg.

A mynd i'w wely i gysgu'r nos
heb dynnu ei gap.

Cythral o gês.
Arwr anwaraidd.
Hiro.
Yn herio'r drefn.

Ond fyddwn i ddim
am iddo fod
yn ŵr i mam.

Glyn Evans

Ffrind

Na, nid oedd dagrau. Nid oedd hiraeth chwaith
Wrth glywed yn ddamweiniol ar ryw sgwrs
Ei bod hi wedi'i chladdu. Dim ond ffaith
Rhwng trafod hyn ac arall, ac wrth gwrs,
'Roedd ugain mlynedd er pan oeddem ni
Yn gyd-fyfyrwyr ac yn ugain oed
Un hydref gynt. Yna, diflannodd hi
A phob adnabod a fu rhyngom ni erioed.
Ni wyddwn i, er enghraifft, faint o blant
Na pha sawl gŵr fu ganddi, na pha bryd
Neu ble yr ymgartrefodd, na sawl cant
A mil o bethau eraill aeth â'i bryd.
Ac nid oedd dagrau. Dim ond deiliach gwyw
Ar lwybr Sili-wen, a hithau'n fyw.

Gerallt Lloyd Owen

207

Marchnad

Oherwydd y farchnad rydd, mae plant yn y trydydd byd
yn gorfod gweithio oriau lawer am arian prin.

Mewn rhyw hofel nas gwelaf,
ar lawr oer, a haul yr haf
yn ddiawydd o ddiwyd,
drosom ni fe weithi'n fud
nes bod pwythau d'oriau di
yn Adidas o deidi.

Aeth o'n cof, fel pwyth yn cau,
a newyn y Cwmnïau
yn dal i'w weithio fel dyn
a'i gyflogi fel hogyn.
Ond er hyn, mae 'nillad ras
yn dweud un gair, Adidas.

Tudur Dylan Jones

Siom

Neithiwr yn Aberystwyth
Codais ffenest y gwesty
Er mwyn rhannu'r noson
Â hen rwnan y môr y tu draw i'r prom,
Yn sugno cerrig drwy ddannedd ei donnau,
Y llanw yn troi a'r lleuad yn ei lywio.

Agorais yr amlen a gawswn gan dy weddw,
Anwylo'r papur a dechrau darllen dy waith
Sy'n fyw-farw, fel cydun o wallt rhwng cloriau llyfr,

A chlywn dy lais drachefn, yn gymysg â'r môr;
Geiriau'r mynydd wedi'u hwsmona'n ofalus;
Profiadau'r ddinas yng nghorlannau dy gerddi.

A rhannwn breifatrwydd y creu,
Dy lawysgrifen yn cyrlio cywiriadau brwd
O gwmpas y teipysgrif, ail-fyw dy syniadau,

Cyn ddeffro dan olau trydan yr oriau mân
Yn nofio'n syfrdan mewn cerddi,
Yn boddi mewn absenoldeb
A'r môr wedi cilio ar hyd y traeth.

Ifor ap Glyn

Prifddinas Caerdydd yn Dihuno

Bore yn pesychu
　　Ac mae hi'n bwrw glaw;
Dinas yn ymysgwyd
　　Am naw.

Siopau'n agor llygaid,
　　Stryd yn ymestyn braich,
Pobl megis chwilod
　　Dan faich.

Ceir yn dechrau deffro
　　Llenwi'r ffyrdd fel gwaed.
Sbwriel ar y pafin
　　Dan draed.

Afon yn ei gwely,
   Hen wraig yn mynd drwy'r dre,
Prynu rhywbeth blasus
   I de.

Swyddfeydd yn dadebru
   I fod yn rhan o'r sioe.
Popeth yn gyfarwydd
   Fel ddoe.

                    Mihangel Morgan

Hedfan

Pe medrwn hedfan
Trwy ddannedd y storm
Fe hedwn,
A'r gwynt yn goflaid oer
Tros fôr tymhestlog,
Tros donnau drycinog.
Teimlo'r heli'n llosgi
A'r ewyn yn tasgu,
A blas rhyddid ar yr halen.

Fe hedwn tros fynydd gwyn,
Tros rew ar lyn,
Trwy luwch,
I uchelfannau'r byd, ac uwch
I fod yn ddall mewn byd o blu
Ac anadlu rhyddid, i fyny fry.

Fe hedwn drwy'r taranau
A myned i'r mannau
Lle nad oes hualau,
Cadwyni, rheolau.

Grug Muse

Newyddion

Dewi ap Gwyn ar newyddion saith
yng nghanol trychineb, yn gwneud fy ngwaith . . .

wedi cyrraedd yma ryw ddeuddeg awr
ers i'r wlad ddiodde'r daeargryn mawr.

Mae arogl marw ar hyd y lle,
a ddoe yn llwch hyd strydoedd y dre.

Gallwch glywed plant yn gweiddi'n groch
am gymorth cyntaf, am weld y groes goch.

Mae'r byd ar ben yng nghanol y glaw,
ond does neb wedi cyrraedd i roi help llaw

i'r un fam ifanc, wedi colli ei gŵr,
nac i'r plentyn bach sy'n crefu am ddŵr.

Dacw fabi mewn cadach blêr ar y llawr,
mae'n siŵr o farw o fewn yr awr.

Dewi ap Gwyn ar newyddion saith
nôl at y stiwdio . . . wedi gorffen fy ngwaith.

Tudur Dylan Jones

Dychwelyd

Neithiwr
Fe ddihengais oddi wrthyt
Ar drên
I'r gwyll,
A'r dagrau'n fy mygu,
Gan fod nadroedd trobwll fy meddyliau
Yn ymladd â fflam fy nghalon,
A chlymau dyrys yn tynhau a llosgi
O gylch popeth a garwn.
    Y bore 'ma
Dois yn ôl,
Ac wrth ruthro'n hamddenol heibio i'r traeth
Fe welais i wylan wen
Ar dwyn o dywod gloyw,
Ac ôl ei thraed yn bedol berffaith
Fel y sicr-gamai yn ôl tua'r môr.
    Ac wrth fynd heibio i fynydd
Fe welais frân
Yn ymgollwng ar aden fentrus
I'r niwl, oedd yn toi rhyw goedwig.
    Fe ddois yn ôl,
A sicrwydd yn fy meddwl tawel,
Sef, 'rôl darfod o sigl y trên,
'Rol siffrwd trwy'r dail papur-brown at dy dŷ
A chau'r drws,

Yno,
Pan welwn dy wyneb annwyl,
Yr agorwn fy llaw
A rhoi iti'r neges a ddygwyd o bell,
Neges y geiriau hud
Y dihengais rhagddynt,
– 'Mod i'n dy garu di.

Nesta Wyn Jones

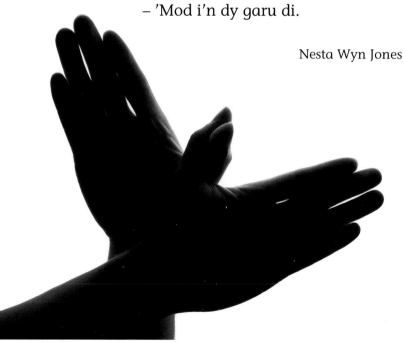

Cnoc, Cnoc

Cnoc, cnoc, cnoc
ar eich personoliaeth
a'ch hyder
nes eich bod chi'n teimlo fel cachu.

Cnoc, cnoc, cnoc
yn y byd hunan-ganolog, cenfigennus
rydym yn byw ynddo.
Does diawl o ots am neb.

Cnoc, cnoc, cnoc
hyd nes nad oes dim ots
a ydych yno ai peidio,
teimladau allan o ffasiwn.

Gadewch i ni ei fychanu a'i reoli
dim ond gronyn bach mwy,
nid â dyrnau gonest agored
ond â gemau meddyliol.

Gadewch i ni dynnu'r llen mwyaf
o orchudd llwyd dros ei fyd amryliw.
Gadewch i ni wneud yn siŵr
na fydd o byth yn rhy frwdfrydig.

Ebilliwn ei hunan-hyder
a'i synnwyr o hunan barch.
Ebilliwn gnoc, cnoc, cnoc,
defnynnau dŵr yn disgyn i fowlen yn casglu.

Cnoc, cnoc, cnoc
hyd nes nad oes dim ar ôl
ohonom ninnau'r cnocwyr chwaith.
Cnoc, cnoc, cnoc,

Cnoc.

Aled Lewis Evans

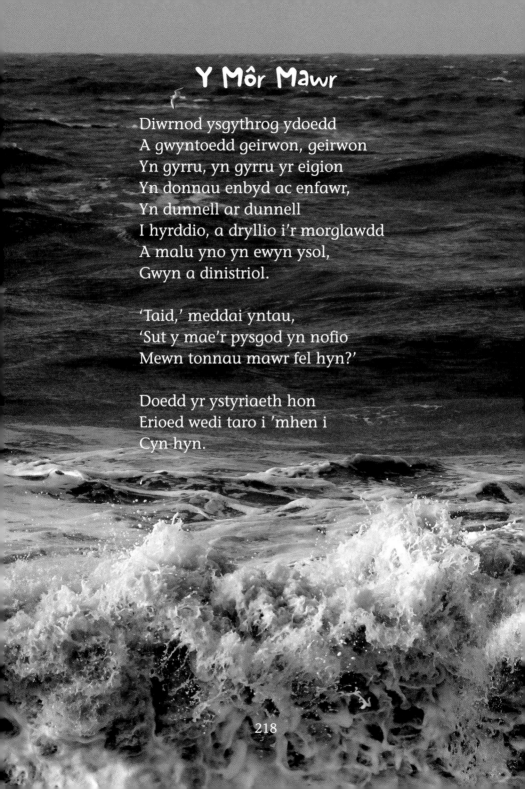

Y Môr Mawr

Diwrnod ysgythrog ydoedd
A gwyntoedd geirwon, geirwon
Yn gyrru, yn gyrru yr eigion
Yn donnau enbyd ac enfawr,
Yn dunnell ar dunnell
I hyrddio, a dryllio i'r morglawdd
A malu yno yn ewyn ysol,
Gwyn a dinistriol.

'Taid,' meddai yntau,
'Sut y mae'r pysgod yn nofio
Mewn tonnau mawr fel hyn?'

Doedd yr ystyriaeth hon
Erioed wedi taro i 'mhen i
Cyn hyn.

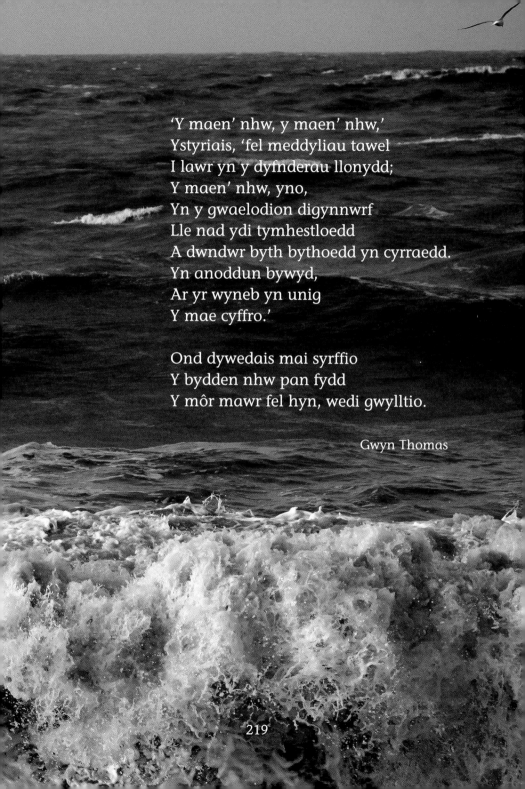

'Y maen' nhw, y maen' nhw,'
Ystyriais, 'fel meddyliau tawel
I lawr yn y dyfnderau llonydd;
Y maen' nhw, yno,
Yn y gwaelodion digynnwrf
Lle nad ydi tymhestloedd
A dwndwr byth bythoedd yn cyrraedd.
Yn anoddun bywyd,
Ar yr wyneb yn unig
Y mae cyffro.'

Ond dywedais mai syrffio
Y bydden nhw pan fydd
Y môr mawr fel hyn, wedi gwylltio.

Gwyn Thomas

Next

O'r riff gitâr cyfarwydd
sy'n atsain ei groeso
yn intrada rhwng y tiliau

i'r ferch sy'n gwisgo'i gwasanaeth
yn rhuban coeth amdani
a gwên sy'n gredyd i gyd;

o'r gymanfa o liwiau
sy'n labelu hunaniaeth
a phennu tro'r tymhorau;

i lendid dihalog
y pren laminedig
sy'n cynnal baich y fflyd;

o'r crwt bach trwsiadus
sy'n bictiwr o iechyd
ar fur y sbotoleuadau.

i drefn fesuredig
y rhengoedd o siwtiau
sy'n byddino grymoedd y byd;

mae'r nwyddau'n dy brynu di
am y nesa' peth i ddim.

Llion Jones

Y Cerdyn Olaf

Fe ddaeth hi â'r cerdyn olaf,
yr un efo'r galon fawr arni,
a'r addewid ei bod hi'n caru mam am byth.

Bu'n ei liwio'n galonnau amryliw mawr
tra curai calon ei mam
â chymorth y peiriant-cynnal-bywyd.

Melanie mor ddewr yn wynebu'r farwolaeth,
gan mai mater o oriau, dyddiau fyddai.
Cafodd ganiatâd i beidio â mynd i Gwyddoniaeth
er mwyn lliwio'r calonnau.

Lliwio'r cerdyn sbesial
i'w roi yn yr amlen
ar y daith olaf at wely'r fam,
na fyddai (efallai) yn sylwi
ar fodolaeth cerdyn mor hardd.

Ond i Melanie,
fe fydd Mam
yn deall y cwbl sydd i'w ddeall
ar ôl darllen ei cherdyn.

Aled Lewis Evans

Cerdd yr Hen Chwarelwr

Bachgen dengmlwydd gerddodd ryw ben bore,
Lawer ddydd yn ôl, i gwr y gwaith;
Gobaith fflachiai yn ei lygaid gleision
Olau dengmlwydd i'r dyfodol maith.

Cryf oedd calon hen y glas glogwyni,
Cryfach oedd ei ebill ef a'i ddur;
Chwyddodd gyfoeth gŵr yr aur a'r Faenol
O'i enillion prin a'i amal gur.

Canodd yn y côr a gadd y wobor,
Gwyddai deithiau gwŷr y llwybrau blin;
Carodd ferch y bryniau, ac fe'i cafodd,
Magodd gewri'r bryniau ar ei lin.

Neithiwr daeth tri gŵr o'r gwaith yn gynnar,
Soniwyd am y graig yn torri'n ddwy;
Dygwyd rhywun tua'r tŷ ar elor, –
Segur fydd y cŷn a'r morthwyl mwy.

W. J. Gruffydd

Enwau

A weli di'r garn ar y gorwel draw
yn herio'r amserau a rhyferthwy'r glaw?
Bu ganddi enw yn y dyddiau gynt,
ond aeth hwnnw o'r co' i ganlyn y gwynt.

A glywi di gân yr aderyn o'r rhos
yn pereiddio'r hwyr wrth gyfarch y nos?
Bu ei enw yntau ar dafodau'r plwy',
ond ysywaeth hwnnw nis clywir mwy.

A weli di'r blodau ar gloddiau'r rhiw
yn eu gwisgoedd haf ac yn fôr o liw?
Eu henwau sy'n gwywo ym môn y clais,
am na chlywir eu hyngan gan odid un llais.

A weli di'r wlad sydd â'i phen i lawr
yn llechu tan gysgod ei chymdoges fawr?
Mae'n brwydro i gadw ei henw yn fyw
wrth chwilio'r aelwydydd am glust a glyw.

A deimli di'r gwynt sy'n trywanu'n fain
gan adael y wlad rhwng y cŵn a'r brain?
Nid oes iddo yntau'r un enw, er hyn
fe welir ei ôl ar bob pant a bryn.

Wyn Owens

223

Yr Afon

Mae'r daith i lawr y Nant yn hir
a'r nos yn dawel, dawel,
a melys, pan ddaw pelydr clir
y wawr ar frig yr awel,
fydd stelcian ennyd wrth Bont y Tŵr
yn llyn bach diog wrth Bont y Tŵr.

Tra byddo'r glasgoed ar y lan
yn peintio 'mron â'u glendid,
caf lwyr anghofio'r creigiau ban
sy'n gwgu ar fy ngwendid,
a siglo, siglo rhwng effro a chwsg
yn llyn bach diog rhwng effro a chwsg.

A thoc caf wrando tramp y traed
ar dâl y bont yn curo,
pob troed ar gyrch i frwydr ddi-waed
rhwng llechi'r gwaith a'i ddur o,
i ennill bara dan wg y graig
a bwrw y diwrnod dan wg y graig.

Ac ambell fore fe fydd lliw
y gwyrddail llaith yn duo,
a'r ddeudroed sionc ynghwsg o'r criw
a'r awel yn eu suo;
a gwg y graig fydd yn fwy bryd hyn,
a'i harswyd arnaf yn fwy bryd hyn.

Ond os bydd dau gynefin droed
yfory'n fud o'r dyrfa
a'r creigiau ban a dail y coed
yn gwgu ar fy ngyrfa,
caf stelc er hynny wrth Bont y Tŵr,
yn llyn bach diog wrth Bont y Tŵr.

Caradog Prichard

'Dw i'n dod yn ôl'

'Dw i'n nabod lot o lefydd yn y byd,
'di'u caru a 'di'u ffraeo nhw i gyd,
a 'dw i 'di byw pob celwydd dan y sêr,
a chanu 'nghân hunanol i mor flêr.

Ond pan mae ll'gadau'r holl ffenestri'n cau
a gwên pob drws agored yn gwanhau,
yr angylion sy'n fy nabod i'n parhau,
'dw i'n dod yn ôl.

Mae 'mhres i wedi'i wario i gyd ers tro
ac ar ôl rhedeg ffwrdd, 'dwi i'n dal ar ffo,
'dw i'n gaeth i neb, yn byw i mi fy hun,
'di gwisgo'r crysau-T a thynnu'r llun.

Ond pan mae ll'gadau'r holl ffenestri'n cau
a gwên pob drws agored yn gwanhau,
yr angylion sy'n fy neall i'n parhau,
'dw i'n dod yn ôl.

'Dw i fyny, lawr, 'dw i eisiau cariad clir,
achos wyddwn i ddim fod lonydd ddoe mor hir;
'dw i'n dechrau gweld, 'dw i'n neb i'r byd a'i sbri,
a 'dw i'n ofni gofyn, pwy ydw i i chdi?

Ond pan mae ll'gadau'r holl ffenestri'n cau
a gwên pob drws agored yn gwanhau,
yr angylion sy'n fy nerbyn i'n parhau,
'dw i'n dod yn ôl.

Karen Owen

Tŷ'r Ysgol

Mae'r cyrn yn mygu er pob awel groes,
A rhywun yno weithiau'n sgubo'r llawr
Ac agor y ffenestri, er nad oes
Neb yno'n byw ar ôl y chwalfa fawr;
Dim ond am fis o wyliau, mwy neu lai,
Yn Awst, er mwyn cael seibiant bach o'r dre
A throi o gwmpas dipyn, nes bod rhai
Yn synnu'n gweld yn symud hyd y lle;
A phawb yn holi beth sy'n peri o hyd
I ni, sydd wedi colli tad a mam,
Gadw'r hen le, a ninnau hyd y byd, –
Ond felly y mae-hi, ac ni wn paham,
Onid rhag ofn i'r ddau sydd yn y gro
Synhwyro rywsut fod y drws ynghlo.

T. H. Parry-Williams

Ysgol Sul yn B&Q

Ar fore Sul bydd Dad yn rhoi
y *deckchairs* yn y Maestro,
cynteddau'r achos sy'n ein gwadd,
ond nid y rhai sy'n Seilo.

Mae Ysgol Sul yn B&Q
a'r plant yn heidio yno;
mae *Rhodd Mam* rhwng y *power tools*,
Ein Tad am godi patio

ac adnod Joni bach yw hyn:
'rho imi *bargain buy*,
holl ddyddiau f'oes, mi rodiaf 'hyd
Glyn Cysgod *DIY*.'

Fel capel, neu gadeirlan fawr,
fe'i codwyd gan feidrolion
yn enw rhywbeth mwy na nhw . . .
y Duw sy'n gwerthu hoelion!

A gwyn eu byd y sawl sy'n dod
i rodio 'rhyd y complecs;
mae'n well na phanad, well na secs,
. . . ond ddim yn well na Artecs.

Ond ust! Ai dril a glywaf i,
yn grwnan drwy'r cynteddau . . ?
'ta sŵn hen saint yr oes a fu
yn troelli yn eu beddau . . ?

Ifor ap Glyn

Y Tangnefeddwyr

Uwch yr eira, wybren ros,
Lle mae Abertawe'n fflam.
Cerddaf adref yn y nos,
Af dan gofio 'nhad a 'mam.
Gwyn eu byd tu hwnt i glyw,
Tangnefeddwyr, plant i Dduw.

Ni châi enllib, ni châi llaid
Roddi troed o fewn i'w tre.
Chwiliai 'mam am air o blaid
Pechaduriaid mwya'r lle.
Gwyn eu byd tu hwnt i glyw,
Tangnefeddwyr, plant i Dduw.

Angel y cartrefi tlawd
Roes i 'nhad y ddeuberl drud:
Cennad dyn yw bod yn frawd,
Golud Duw yw'r anwel fyd.
Gwyn eu byd tu hwnt i glyw.
Tangnefeddwyr, plant i Dduw.

Cenedl dda a chenedl ddrwg –
Dysgent hwy mai rhith yw hyn,
Ond goleuni Crist a ddwg
Ryddid i bob dyn a'i myn.
Gwyn eu byd, daw dydd a'u clyw,
Dangnefeddwyr, plant i Dduw.

Pa beth heno, eu hystâd,
Heno pan fo'r byd yn fflam?
Mae Gwirionedd gyda 'nhad
Mae Maddeuant gyda 'mam.
Gwyn ei byd yr oes a'u clyw,
Dangnefeddwyr, plant i Dduw.

Waldo Williams

Mistar Bond

Dyn *suave* yw'r dyn yn sefyll
Yn y drws yn cydio dryll
Mewn un llaw; menyw'n y llall,
Un daer ac o wlad arall
A honno'n sbei 'i hunan sbo.
Mae'n oedi, mae'n amneidio
Â'i ael chwith gynnil a chŵl
(Dibwynt dadlau â Dwbwl o Saith).

Y dyn cegrwth sydd
O'i flaen yw'r hen filiwnydd,
Y badi moel enbydus
Yn ei ffau'n chwartiau o chwys,
Ac andros yw o gandryll
Yn syn heb ei henchmyn hyll

Heb yr un o'i birrhanas,
Na'i beiriant chwim brwnt a chas
Sy'n chwyrnu wrth sbaddu sbeis
A bwyta'u dici-bo-teis.
Yn ei dymer daw dim-ond
Dau air o'i ben: "Mistar Bond!"

Cyn hir, wedi rhoi i'r cnaf
Rhyw lol o ffarwel olaf,
Rhyw gwip o hiwmor llipa,
"Twt twt, dal d'afael, ta-ta",
Ceir Bond yn y Caribî'n
Tyner ysgwyd Martini
Yna'n troi, fel pob un tro,
Yn sinigaidd i snogio.

Rhydd yw Bond; rhydd yw y byd
O deimbom badi embyd,
Hwn yw'r un a'n ceidw'n rhydd
Yn gŵl a digywilydd.
Rhyddid yw ei drwydded o
Y rhyddid i lofruddio.

Emyr Lewis

Gobaith

(Un o goelion rhai o hen lwythau Affrica oedd fod y nos yn graig
a bod tyllau yn y graig. Drwyddyn nhw roedd modd gweld
llygad y rhai nad oedd eto wedi'u geni.)

Yng ngrŵn y noswylio, mewn cesail o'r byd,
a'r cwmni o'i amgylch yn glustiau i gyd,

roedd henwr urddasol, cyfarwydd y llwyth,
yn gweithio hen goelion o bwyth i bwyth.

'Mae cromen,' dechreuodd, 'dros erwau ein gwlad
a honno fel carreg, mor ddu â brad,

'mor llonydd â llewes, cyn lleted â'r paith
yn driw fel y fwltur, yn hŷn nag iaith.

'Fe safodd y gromen yn stond dros ein tir
ac felly y bu hi am amser hir,

'hyd nes daeth y cyfan rhyw ddiwrnod dan straen.
Os sbïwch i fyny, mae'n ddigon plaen

'fod tyllau'n y gromen, a'r t'wyllwch ar chwâl,
fel 'tasai gwiwerod yn gweithio gwâl.

'Aeth un o'r mân dyllau yn ddegau a mwy,
yn gannoedd ar filoedd, a thrwyddynt hwy

'mae llygaid yfory'n tywynnu yn bêr,
a honna,' esboniodd, 'oedd stori'r sêr.'

Mari Lisa

Syrffio

Maen nhw'n sibrwd bod y llanw'n troi,
yn dweud bod y dŵr yn dod.
Gwelant y rhyferthwy'n chwythu o'r gorwel
gan wybod y cawn ein sgubo'n ei sgil.

Mae rhai'n gweddïo am atal y llif
ac eraill am godi protest
i atal disgyrchiant a thynfa'r lleuad
a newid cyfeiriad y gwynt.

Ninnau: cydiwn yn ein byrddau ysgafn,
rhedeg i'r eigion a bwrw iddi,
dringo'r tonnau digymrodedd
ac ehedeg,
ein llygaid yn disgleirio ag ehangder y môr
a'r awel hallt yn ein cario'n uwch.

Ac os bydd tasgu'r dŵr yn llosgi
a mympwy'r gwynt yn ein taflu
at ddibyn trychineb
safwn yn frau ar erchwyn y byd
a chwympo'n ogoneddus.

Guto Dafydd

Fy Ngwlad

Wylit, wylit, Lywelyn,
Wylit waed pe gwelit hyn.
Ein calon gan estron ŵr,
Ein coron gan goncwerwr,
A gwerin o ffafrgarwyr
Llariaidd eu gwên lle'r oedd gwŷr.

Fe rown wên i'r Frenhiniaeth,
Nid gwerin nad gwerin gaeth.
Byddwn daeog ddiogel
A dedwydd iawn, doed a ddêl,
Heb wraidd na chadwynau bro,
Heb ofal ond bihafio.

Ni'n twyllir yn hir gan au
Hanesion rhyw hen oesau.
Y ni o gymedrol nwyd
Yw'r dynion a Brydeiniwyd,
Ni yw'r claear wladgarwyr,
Eithafol ryngwladol wŷr.

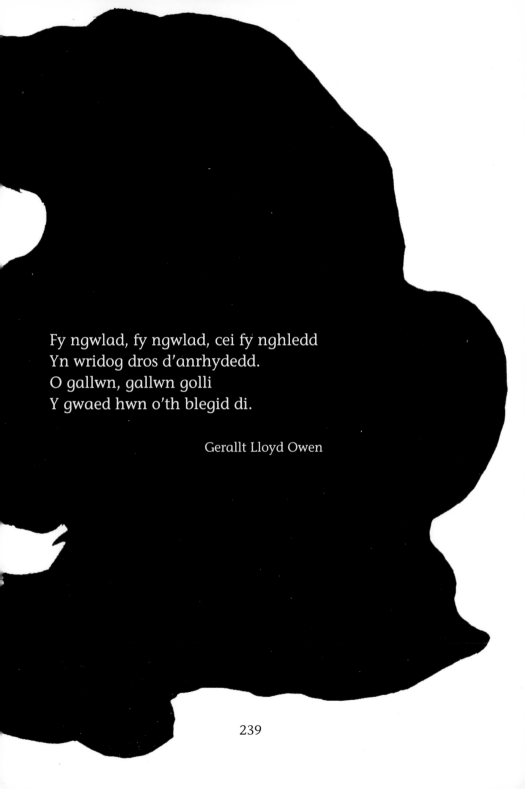

Fy ngwlad, fy ngwlad, cei fy nghledd
Yn wridog dros d'anrhydedd.
O gallwn, gallwn golli
Y gwaed hwn o'th blegid di.

Gerallt Lloyd Owen

Nos Da

Bob nos rhoi'r genod yn eu gwlâu.
Ac yno fe gysgant dan gwiltiau Disney,
lleuad aur ar gotwm glas yn ffin i'w byd.
Yn ddeddfol
sythaf gyfnas,
codaf degan,
rhof lyfr gwaith cartref yn amlwg at y bore,
dant dan obennydd lliw.

Ond heno,
a hithau â'i phaneidiau diddiwedd
yn ddeuddeg heglog ynghlwm wrth ffilm,
gadewais hi.

Pendwmpian yn fy ngwely uwch fy llyfr,
ac eiliad ddwyawr wedyn,
rhwng cwsg ac effro,
rhwng heddiw ac yfory,
synhwyro bysedd ifanc
yn tynnu fy sbectol.

Sian Northey